GRöLS Verlage

„Bücher sind wie Fallschirme. Sie nützen uns nichts, wenn wir sie nicht öffnen."

Gröls Verlag

Redaktionelle Hinweise und Impressum

Das vorliegende Werk wurde zugunsten der Authentizität sehr zurückhaltend bearbeitet. So wurden etwa ursprüngliche Rechtschreibfehler *nicht* systematisch behoben, denn kleine Unvollkommenheiten machen das Buch – wie im Übrigen den Menschen – erst authentisch. Mitunter wurden jedoch zum Beispiel Absätze behutsam neu getrennt, um den Lesefluss zu erleichtern.

Um die Texte zu rekonstruieren, werden antiquarische Bücher von Lesegeräten gescannt und dann durch eine Software lesbar gemacht. Der so entstandene Text wird von Menschen gegengelesen und korrigiert – hierbei treten auch Fehler auf. Wenn Sie ebenfalls antiquarische Texte einreichen möchten, finden Sie weitere Informationen auf www.groels.de

Viel Freude bei der Lektüre wünscht Ihnen das Team des Gröls-Verlags.

Adressen

Verleger: Sophia Gröls, Im Borngrund 26, 61440 Oberursel

Externer Dienstleister für Distribution & Herstellung: BoD, In de Tarpen 42, 22848 Norderstedt

Unsere „Edition | Werke der Weltliteratur“ hat den Anspruch, eine der größten und vollständigsten Sammlungen klassischer Literatur in deutscher Sprache zu sein. Nach und nach versammeln wir hier nicht nur die „üblichen Verdächtigen“ von Goethe bis Schiller, sondern auch Kleinode der vergangenen Jahrhunderte, die – zu Unrecht – drohen, in Vergessenheit zu geraten. Wir kultivieren und kuratieren damit einen der wertvollsten Bereiche der abendländischen Kultur. Kleine Auswahl:

Francis Bacon • Neues Organon • **Balzac** • Glanz und Elend der Kurtisanen • **Joachim H. Campe** • Robinson der Jüngere • **Dante Alighieri** • Die Göttliche Komödie • **Daniel Defoe** • Robinson Crusoe • **Charles Dickens** • Oliver Twist • **Denis Diderot** • Jacques der Fatalist • **Fjodor Dostojewski** • Schuld und Sühne • **Arthur Conan Doyle** • Der Hund von Baskerville • **Marie von Ebner-Eschenbach** • Das Gemeindekind • **Elisabeth von Österreich** • Das Poetische Tagebuch • **Friedrich Engels** • Die Lage der arbeitenden Klasse • **Ludwig Feuerbach** • Das Wesen des Christentums • **Johann G. Fichte** • Reden an die deutsche Nation • **Fitzgerald** • Zärtlich ist die Nacht • **Flaubert** • Madame Bovary • **Gorch Fock** • Seefahrt ist not! • **Theodor Fontane** • Effi Briest • **Robert Musil** • Über die Dummheit • **Edgar Wallace** • Der Frosch mit der Maske • **Jakob Wassermann** • Der Fall Maurizius • **Oscar Wilde** • Das Bildnis des Dorian Grey • **Émile Zola** • Germinal • **Stefan Zweig** • Schachnovelle • **Hugo von Hofmannsthal** • Der Tor und der Tod • **Anton Tschechow** • Ein Heiratsantrag • **Arthur Schnitzler** • Reigen • **Friedrich Schiller** • Kabale und Liebe • **Nicolo Machiavelli** • Der Fürst • **Gotthold E. Lessing** • Nathan der Weise • **Augustinus** • Die Bekenntnisse des heiligen Augustinus • **Marcus Aurelius** • Selbstbetrachtungen • **Charles Baudelaire** • Die Blumen des Bösen • **Harriett Stowe** • Onkel Toms Hütte • **Walter Benjamin** • Deutsche Menschen • **Hugo Bettauer** • Die Stadt ohne Juden • **Lewis Caroll** • *und viele mehr….*

Magda Trott

Puckis erstes Schuljahr

Eine Erzählung für Kinder

Inhalt

Der erste Schultag

Die sechsjährige Hedi, Förster Sandlers älteste Tochter, saß in der Veranda des schmucken Forsthauses und knabberte an einem Stück Schokolade. In ihren Armen ruhte das geliebte Puppenkind Diana, der Jagdhund Harras stand neben ihr und wartete gespannt darauf, daß ihm die Kinderhände wieder etwas reichen möchten. Hedi, die in der ganzen Gegend den Namen Pucki führte, brach auch gewissenhaft von der Schokolade ein Stück nach dem anderen ab, das dann bald darauf im Maule des Hundes verschwand.

„Jetzt ist es genug, Harras, morgen bekommst du viel mehr. Morgen muß ich in die Schule, dann gibt es eine große Tüte, die ist bis oben hin voll mit Schokolade. Wenn du gut lernst, Harras, bekommst du was aus der Tüte. – Sieh mal, Harras, *so* eine große Tüte!"

Puckis Hände hoben sich hoch in die Luft und beschrieben einen großen Bogen. Diese Tüte, die ihr von den Eltern für morgen versprochen worden war, schien ihr der einzige Trost, von morgen ab an jedem Tag in der Schulstube sitzen und immerfort lernen zu müssen.

Was mochte die Schule nur alles bringen? Jeder erzählte etwas anderes. Da waren auf dem Niepelschen Gute, das etwa zwanzig Minuten vom Forsthause Birkenhain entfernt lag, die Drillinge, der Paul, der Walter und der Fritz. Seit zwei Jahren mußten die Knaben fast täglich nach Rahnsburg zur Schule. Nun schlug diese Stunde auch für Pucki.

Pucki schüttelte sich, die blonden Löckchen flogen um das reizende Kindergesicht. Was hatte der Paul nicht schon alles von der Schule erzählt. Ganz anders Fritz, der Jüngste der Drillinge. Er behauptete, Fräulein Caspari wäre ein sehr liebes Fräulein. Schade nur, daß sie in die andere Klasse nicht mitgegangen sei. Bei Fräulein Caspari konnte man vergnügt lachen, schreiben und zeichnen. Nur der Paul wurde öfters einmal in die Ecke gestellt, da er unaufmerksam gewesen war.

„Ach, Harras", seufzte der Kindermund, „vielleicht muß ich nun auch jeden Tag in der Ecke stehen und darf nicht mehr in den Wald, weil ich immerzu lernen muß!"

Pucki stand auf, holte aus dem Zimmer den nagelneuen Ranzen; von morgen ab würde sie ihn täglich nach der Schule tragen. Sie klappte den Deckel zurück.

„Ja, Harras, sieh dir das nur an! Eine Schiefertafel, und hier das Kästchen mit den Stäbchen. Aus dem bunten Papier schneide ich dir eine schöne Halskette, die bringe ich dir mit. – Wie gut hat es die Waldi, sie braucht noch lange nicht in die Schule!"

Waltraut oder Waldi, wie Pucki sie nannte, war das zweijährige Schwesterchen des Försterkindes. Als Waldi geboren worden war, fand Pucki gar keinen Gefallen an dem Schwesterchen. Seit kurzem konnte sie mit der Kleinen bereits vergnügt spielen. Pucki bedauerte es, daß Waldi gerade jetzt, da sie zur Schule mußte, Verstand bekommen hatte; viel schöner wäre es gewesen, wenn Waldi bereits früher mit ihr gespielt hätte.

Aber da waren noch die drei Niepelschen Buben, die oft nach dem Forsthause kamen. Heute wurden sie samt ihrer Mutter ebenfalls sehnsuchtsvoll von Pucki erwartet, denn die Gutsbesitzersfrau hatte dem kleinen Mädchen zum Schulbeginn einige Süßigkeiten versprochen.

„Sie kommen noch immer nicht", seufzte die Kleine und betrachtete das letzte Stückchen Schokolade, das sie dem geliebten Harras ins Maul schob. Das Schwesterchen schlief, der Vater war im Walde, und die Mutter arbeitete mit dem Mädchen in der Waschküche.

Die Kleine sprang auf, denn deutlich war Räderrollen zu vernehmen. Pucki wußte, daß der Niepelsche Wagen nahte, der den kurzen Besuch brachte.

Sie eilte durch den Vorgarten und begrüßte stürmisch die Ankommenden.

„Wir bleiben ein bißchen bei dir, bis die Mutter wieder aus Rahnsburg zurückkommt“, rief Fritz schon vom Wagen herab. Dann kletterten die drei Knaben herunter, neckten Harras, der sie schweifwedelnd umsprang, und stürmten in den Garten des Forsthauses.

Pucki wurde von Frau Niepel zurückgehalten.

„Nun geht es also morgen zum ersten Male in die Schule, Pucki?“

„Ach ja – deswegen wolltest du mir was bringen.“

„Freilich, Pucki, das habe ich dir versprochen. Wenn ich in einer Stunde zurückkomme, erhältst du eine große Tüte. Eigentlich müßtest du sie erst morgen haben, doch da habe ich keine Zeit. Ich denke, du wirst immer recht artig sein und viel lernen, damit deine Eltern Freude an dir haben.“

„Wenn es nur nicht so graulich wäre.“

„Das hat dir der Paul wieder eingeredet. Frage nur den Fritz, er geht sehr gern in die Schule, und auch Walter grault sich gar nicht. Wenn man lernt, was man aufbekommt, ist es in der Schule sogar sehr hübsch. Ich weiß genau, daß es dir in der Schule gut gefallen wird. Doch nun laufe zu den Buben, in einer Stunde hole ich sie wieder ab.“

„Und bringst mir die Tüte?“

„Ja, Pucki, ich erwarte dann aber auch, daß du recht brav bist.“

„Muß ich dir die Tüte wiedergeben, wenn ich nicht brav bin?“

„Nein, Pucki, du würdest aber keine Freude daran haben, denn ich schenke sie einem fleißigen Kinde.“

Frau Niepel fuhr davon, und Pucki eilte zu den achtjährigen Drillingen, die mit Harras im Garten herumtollten.

„Kriegt ihr morgen auch jeder eine Tüte?“

„Nein, leider nicht, die bekommt man nur, wenn man zum ersten Male in die Schule geht.“

„Dann möchte ich immerfort zum ersten Male in die Schule gehen! – Mutti bringt mich morgen nach Rahnsburg und holt mich wieder ab. Und dann bekomme ich auch noch von ihr eine Tüte.“

„Hast du nicht Augst?“ fragte Paul.

„Ich weiß nicht“, erwiderte Pucki unsicher, „der Vati sagt, es muß nun einmal sein, die Mutti sagt, es ist schön in der Schule und – –“

„Und ich sage dir“, schrie Paul, „es ist scheußlich! Da stellen sie mich in die Ecke.“

Walter und Fritz waren dem Bruder gefolgt. Letzterer legte zärtlich den Arm um Puckis Schulter.

„Der Paul schwindelt, Pucki, der Paul ist entsetzlich faul. Es macht wirklich viel Spaß, in der Schule zu sitzen. Paß auf, du wirst dich morgen furchtbar freuen, daß du jeden Tag dort hingehen darfst.“

„Wenn's aber so graulich ist?“

„Es ist gar nicht graulich“, tröstete nun auch Walter. „Wir haben so viel gelacht. Du wirst sehen, es macht Spaß!“

„Mir macht es gar keinen Spaß“, ereiferte sich Paul.

„Du sollst Pucki nicht Angst machen“, schrie Walter und versetzte dem Bruder einen kräftigen Puff. „Du bist ein fauler Bengel, hat der Lehrer gesagt. Du wirst auch sitzenbleiben, dann lachen dich alle Leute aus.“

Paul maulte und lief davon, während Pucki noch ein ganzes Weilchen den Erzählungen der beiden anderen Knaben lauschte. Vielleicht war es doch nicht allzu schlimm in der Schule.

Die Stunde des Beisammenseins verging viel zu schnell. Frau Niepel betrat den Garten. Sie hielt eine große, bunte Tüte in den Händen und gab sie Pucki mit herzlichen Worten. Die drei Knaben blickten erwartungsvoll auf die kleine Freundin, und Fritz rief mit seinem hellen Stimmchen:

„Damals, als wir zum ersten Male zur Schule gingen, war es sehr schön. Ich habe aus meiner Tüte einem kleinen Jungen ein Stück Schokolade geschenkt. – Wirst auch du aus deiner Tüte einem Jungen was schenken?“

„Ja!“

Fritz hielt sogleich die Hand auf, und nun erst begriff Pucki, was er meinte. Sie suchte ein Weilchen in der Tüte herum, reichte dann dem Spielgefährten ein großes Stück Konfekt. Walter, der sich gleichfalls herandrängte, bekam ein kleineres Stück und Paul nur ein Schokoladenplätzchen.

„Alte Geizliese!“ sagte er.

„Na, hier hast du noch ein Stückchen. Aber das andere muß ich für mich behalten, weil ich doch morgen in die Schule muß.“

Nun kam auch Frau Sandler herbei, die die Gutsbesitzerin herzlich begrüßte und ihr Dankesworte wegen des Geschenkes sagte. Dann hieß es aufbrechen. Pucki winkte dem davonrollenden Wagen nach. Dann kehrte sie auf die Veranda zurück, um ihrem geliebten Harras zu erzählen, daß es vielleicht in der Schule doch nicht so schlimm sei, wie der Paul meinte.

Schließlich kam Waltraut herbei, das zweijährige Schwesterlein, und nun ging es an ein fröhliches Spielen. Der morgige Tag war für Stunden vergessen. –

Der zehnte April, Puckis erster Schultag, zeigte ein freundliches Gesicht. Pucki dagegen blickte recht sorgenvoll darein. Und als die Mutter mahnte, es sei nun Zeit, als sie dem Töchterchen den Ranzen auf den Rücken hob, kam ein langgezogener Seufzer über die Kinderlippen.

„Lauf schnell zum Vati hinein, verabschiede dich, denn dann müssen wir gehen.“

Auch der Vater gab seinem Töchterchen gute Ermahnungen mit auf den Weg, dann wanderte das Kind an der Hand der Mutter Rahnsburg zu. Es war ein netter Weg, anfangs am Waldrande entlang, dann kam eine Wiese und bald die ersten Häuser der Stadt. Am Markt stand die Schule.

Von allen Seiten strömten Mütter herbei, Abc-Schützen an der Hand, um sie zum ersten Male in die Schule zu geleiten. Pucki hielt die Hand der Mutter noch lange fest.

„Komm bald wieder!“

„Ja, mein Kind, in einer Stunde bin ich wieder hier und hole dich ab. Ich bleibe in der Stadt und bringe dich dann wieder heim – du wirst mir bestimmt fröhlich entgegenspringen, weil es dir in der Schule gut gefallen hat.“

„Bringst du mir auch 'ne große Tüte?“

„Wenn du artig warst – ja.“

Von einer Lehrerin wurden die Kinder in Empfang genommen und in das Schulzimmer geleitet. Zum ersten Male erblickte Pucki einen derartigen Raum, der mit Bänken vollgestellt war. Manches Kind war sehr laut, einige Knaben kletterten sogleich auf die Bänke und liefen auf ihnen entlang. Pucki staunte über die vielen Kinder, die alle hier zusammengekommen waren. Alle in ihrem Alter. – Ob es sich mit ihnen wohl gut spielen ließ?

Dann kam ein anderes Fräulein, das vor die Bänke hintrat, die Kinder anrief und ihnen sagte, daß sie die Lehrerin sei und daß sie die Kleinen liebhaben wolle. Nun aber sollten sie sich recht brav niedersetzen. Pucki tat alles, ohne ein Wort zu sagen.

„Ich bin Fräulein Caspari, eure Lehrerin. Nun will ich aber mal eure Namen hören. Aber immer hübsch der Reihe nach.“

„Fräulein Kasperle“, kicherte einer der Buben, der unweit von Pucki saß.

Da erinnerte Pucki sich an das lustige Kasperle auf dem Jahrmarkt und begann zu kichern. Dann wiederholte sie ein wenig verschämt: „Fräulein Kasperle!“

Dieser Name pflanzte sich rasch weiter fort; die ganze Klasse von vierundvierzig kleinen Kindern begann zu lachen, doch plötzlich klopfte Fräulein Caspari auf den Tisch und sagte noch einmal deutlich:

„Ihr nennt mich Fräulein Caspari, und jetzt sagt mir eure Namen."

Erst schrien alle durcheinander, je lauter desto bester. Einige drängten sogar nach vorn.

„Ich bin der Fritz Lange –"

„Ich der Georg Rabe!"

„Fräulein, so hör'n Sie doch, ich bin der Kuno Meister!"

Es dauerte ein ganzes Weilchen, ehe die Lehrerin wieder Ruhe gestiftet hatte.

Pucki verhielt sich abwartend. Direkt neben ihr saß ein kleines Mädchen mit blassem Gesicht, dem es um die Lippen zuckte, als wollte es weinen. Pucki betrachtete das Kind ein Weilchen, dann fragte es besorgt:

„Hast du Angst?"

Da begann das Kind zu weinen. „Ich will zur Mutter!"

„Die kommt nachher und bringt dir eine große Tüte. Jetzt müssen wir still sitzen, sonst stellt die Lehrerin uns in die Ecke."

„Ich will zur Mutter", weinte die Kleine lauter.

Die Lehrerin kam. „Warum weinst du denn? – Nun sage mir mal deinen Namen, du kleiner Blondschopf. – Wie heißt du?"

„Thusnelda –", kam es stockend heraus.

Da lachte Pucki laut auf. „Du – Fräulein, wie heißt sie?"

Die Kleine weinte noch mehr. Das tat Pucki wieder leid. „Sei mal ruhig", sagte sie und nahm die Hand des Kindes, „ich tu dir nichts, und sie tut dir auch nichts."

„Wie werde ich dir denn etwas tun, kleine Thusnelda. Gib mal acht, wir nehmen jetzt die Tafeln heraus, und dann malt ihr auf die Tafeln schöne, runde Ostereier, wie sie euch der Osterhase kürzlich brachte. Nun fix alle Tafeln heraus. Wir zeichnen Ostereier."

„Ich kann keine Ostereier zeichnen“, klang es von einer der vordersten Bänke, „ich habe keine Ostereier bekommen.“

Die Lehrerin ging zu dem Knaben, der diese Worte gesprochen hatte. Währenddessen tätschelte Pucki die Hand ihrer Nachbarin.

„Weine mal nicht, Thusnelda, ich bin bei dir, ich male dir auch die Ostereier auf. Ich hab' bei Onkel Niepel eine ganze Schürze voll Ostereier gefunden, und mein Vati hat mir auch Ostereier versteckt, sogar im richtigen Walde. Da sind wir ganz tief in den Wald gegangen. Auf einem Baum hat ein Eichkätzchen gesessen, das hat Hihihi gemacht – –“

„Wer plappert denn immerfort?“ fragte die Lehrerin.

„Und dann ist die Eichkatze – husch! – an dem Stamme hochgelaufen; ich werde dir mal eine Eichkatze aufzeichnen.“

„Hedi Sandler, willst du nicht deinen kleinen Mund halten?“

„Oh, Fräulein, ich hab' noch so viel zu erzählen.“

„Erst erzähle ich euch etwas.“

„Nee, die Hedi Sandler soll erzählen“, rief eines der Kinder.

Aber Pucki hatte bereits die Lippen geschlossen und schaute Fräulein Caspari vorwurfsvoll an.

Sehr still wurde es nicht in der Klasse, obwohl man eifrig beim Ostereierzeichnen war.

Dann schrieb man ein „i“. Die kleine Ida freute sich, daß sie nun schon beinahe ihren Namen schreiben konnte, und Pucki machte einige Striche auf die Tafel und hing zum Schluß den Buchstaben hinten an.

„Du – Fräulein Caspari, das heißt hier Pucki!“

„Du mußt nicht ›du‹, du mußt ›Sie‹ sagen, Hedi.“

„Na, dann mußt du auch Pucki sagen und nicht Hedi.“

„Sie heißt Pucki“, riefen mehrere Kinder, „Pucki Sandler!“

Schließlich holte man die Stäbchen hervor, um damit kleine Figuren zu legen, ein Kreuz, ein Dreieck, ein Dach. Das gefiel den Kindern besser.

Die Stunde näherte sich ihrem Ende. Da sagte Fräulein Caspari freundlich: „Nun dürft ihr auf die Tafel irgendein Tier zeichnen oder ein Haus, was ihr gerade wollt. – Seht mal, draußen fährt soeben ein Wagen und ein Pferd vorüber. – Wie wäre es, wenn ihr alle ein Pferdchen maltet?“

Dieser Vorschlag fand begeisterten Anklang. Die Schieferstifte wurden in Bewegung gesetzt, es wurde zum ersten Male mäuschenstill in der Klasse. Puckis Blicke gingen noch immer zum Fenster hinaus, hin zu dem Tierchen, das gar lustig mit dem Schweife wedelte.

„Nun, Pucki, willst du nicht zeichnen? Die anderen sind beinahe fertig, beeile dich.“

Ein paar energische Striche, dann erklärte Pucki als erste, sie sei fertig.

Erstaunt nahm die Lehrerin die Tafel, auf der ein Viereck gezeichnet war, in dem Viereck ein Kreuz.

„Das ist doch kein Pferd, Pucki?“

Das Kind wies auf das Viereck. „Dahinter ist das Pferd. Das ist der Stall. Pferdchen war müde, da habe ich es in den Stall gestellt.“

Die Lehrerin verbiß sich das Lachen, meinte jedoch, sie wolle das Pferdchen sehen.

„Morgen kannst du es sehen, wenn es sich ausgeruht hat. Wenn das Pferdchen müde ist, läßt es der Kutscher nicht mehr aus dem Stall heraus.“

Fräulein Caspari gab sich damit zufrieden. Die anderen Kinder hatten allerlei drollige Zeichnungen ausgeführt, und als es hieß, die Tafel sei wieder abzuwischen, entstand unwilliges Gemurmel.

„Wenn ich's wieder wegwischen soll“, rief Heinz Rabe, „hätte ich es gar nicht erst zu zeichnen brauchen. – Ich wisch es nicht weg!“

Er packte die Tafel energisch ein. Da ertönte draußen die Glocke, und nun gab es einen Tumult.

„Meine Mutter ist draußen – meine Mutter ist draußen!“

Auch Hedi stopfte mit überraschender Geschwindigkeit die Tafel in den Ranzen, um ihre Tüte recht bald in Empfang zu nehmen.

„Kriegst du auch eine Tüte?“ fragte sie ihre Nachbarin.

„Nein – –“

„Warum denn nicht?“

„Weil meine Mutter kein Geld hat.“

„O je – ich geb' dir ein Stückchen ab.“

Auf die Abschiedsworte, die Fräulein Caspari sprach, achtete keines der Kinder. Alles drängte zur Tür. Einige stolperten, schrien und fielen hin. Der große Flur des Schulhauses war von dem Geschrei der Klasse angefüllt.

Vierundvierzig kleine Knaben und Mädchen warteten auf ihre Mütter.

Aufs neue begann ein Drängeln und Stoßen; schließlich hatte Pucki ihre Mutter gefunden. Mit einem Jubelruf stürzte sie auf sie zu.

„Ich habe nicht in der Ecke gestanden, Mutti, ich habe mich auch nicht gegrault. – Oh, die schöne, große Tüte!“

Hedi nahm die Tüte in den Arm und liebkoste sie. Dabei erinnerte sie sich an das kleine Mädchen, das neben ihr gesessen hatte.

„Denk mal, Mutti, ein Mädchen bekommt keine Tüte, weil ihre Mutter eine arme Frau ist. Darf ich ihr ein Stück Schokolade schenken?“

„Selbstverständlich, Pucki.“ Frau Sandler hatte längst die traurigen Blicke einiger Kinder bemerkt, deren Eltern nicht in der Lage waren, ihren Kleinen am ersten Schultage eine derartige Freude zu machen. Sie freute sich über ihr Töchterchen, dessen weiches Herz sich soeben wieder zeigte.

Diesmal wählte Pucki ein großes Stück Schokolade, das sie Thusnelda Reichert reichte, die mit traurigem Gesicht abseits stand und an dem Jubel der Beschenkten nicht teilnehmen durfte.

„Hier hast du was!“

Frau Sandler schaute auf das dürftig gekleidete Mädchen, dem man seine Armut deutlich ansah. Wie blaß die Kleine aussah, gerade so, als ob sie nicht immer richtig zu essen bekäme.

„Pucki“, sagte sie leise zu ihrer Tochter, „ich glaube, deine kleine Nachbarin hat es nicht so gut wie du. Wie wäre es, wenn du das kleine Mädchen einmal zu dir in den Garten einladen wolltest. Sie könnte mit dir Kaffee trinken und spielen, damit sie rote Bäckchen bekommt.“

„Ja, sie sieht so weiß aus, Mutti. Aber wenn sie jetzt das Stück Schokolade gegessen hat, wird ihr gleich besser sein.“

Frau Sandler neigte sich zu der scheuen Kleinen nieder und fragte sie aus. Viel erfuhr sie nicht. Die Mutter des Kindes ging in die Häuser, Wäsche waschen; der Vater war längst tot. Es waren noch mehrere größere Geschwister da, die Not schien groß zu sein. Pucki stand daneben und lauschte aufmerksam.

„Haben deine großen Kinder auch keine Tüte bekommen, als sie zur Schule gingen?“

„Nein.“

„Bekommst du nie Schokolade oder Apfel und Birnen?“

„Nein.“

„Das ist aber schlimm.“

„Ich glaube, es gibt noch viele arme Kinder, Pucki, die es nicht so gut haben wie du. Die alle sehr froh wären, wenn sie den Milchreis bekämen, den du nicht essen magst. Manche Mutti kann ihren Kindern gar nichts kochen, dann haben sie Hunger.“

„Hast du Hunger?“ fragte Pucki.

„Ich hab' oft Hunger!“

Einen Augenblick zögerte Pucki, dann drückte sie energisch dem blassen Mädchen die schöne große Tüte in den Arm.

„Weil du Hunger hast, und weil ich daheim noch eine Tüte hab'! Nu iß und hab keinen Hunger mehr. Du kannst sie behalten."

Zunächst war Thusnelda Reichert wie versteinert. Dann aber stürmte sie davon, weil sie fürchtete, daß man ihr das kostbare Geschenk wieder fortnehmen könnte. Hedi hatte trotzdem das strahlende Leuchten bemerkt, das über das blasse Kindergesicht geglitten war.

„Mutti", flüsterte sie, „sie freut sich."

„Ja, mein Kind, sie freut sich. Man hat ihr wohl noch nie eine Tüte mit Süßigkeiten geschenkt. Nun hast du aber nichts."

Pucki streckte die leeren Hände in die Luft.

„Nein, nun habe ich nichts – aber vielleicht, wenn ich sehr lieb bin, kriege ich noch was."

„Nein, Pucki, Mutti hat nur eine Tüte gekauft. Du hast diese Tüte verschenkt, du hast aber dafür ein armes Mädchen sehr glücklich gemacht. Ist das nicht auch schön?"

„Sie hat sich fürchterlich gefreut, Mutti. Nu hat sie meine ganze, große Tüte. – Ein Stückchen hätte sie mir doch abgeben können."

„Denke immer daran, mein gutes Kind, daß die Kleine sehr viel Freude an dieser Tüte hat. Daheim sind noch mehr Geschwister, die sich alle freuen werden, daß sie endlich einmal eine Leckerei bekommen. Du kannst es den Kindern gönnen, Pucki. Du bekommst oft etwas Gutes, aber arme Kinder nie. Oder tut es dir leid, daß du das Geschenk gemacht hast?"

„Wenn sie sich darüber freut, Mutti, dann mag sie es behalten. Ich habe daheim doch noch die Tüte von Tante Niepel. – Es muß sehr schlimm sein, wenn man Hunger hat und die Mutti nichts kaufen kann. Jedesmal, wenn du mir jetzt Schokolade schenkst, werde ich ihr ein Stückchen abgeben. Mutti, dann mußt du mir sehr oft Schokolade schenken, damit sie sich freuen kann."

Nun ging es heimwärts. Unterwegs blieb Pucki plötzlich stehen.

„Wenn nun aber noch andere Kinder da sind, die auch keine Tüte bekommen haben, was machen wir dann?“

„Ich glaube, es waren sehr viele darunter, Pucki. Du wirst in Zukunft zu diesen armen Kindern besonders nett sein und versuchen, auch ihnen einmal eine kleine Freude zu machen.“

Pucki war recht nachdenklich geworden. Erst als die Mutter nach den Erlebnissen des ersten Schultages fragte, plapperte das kleine Mäulchen lustig drauf los.

„Aber morgen erzähle ich ihr mehr von dem Eichkätzchen, das auf den Baum hüpft, das wird sie nicht wissen, Mutti.“

„Wenn Fräulein Caspari danach fragt, kannst du es ihr erzählen. Aber sonst mußt du immer recht still sein.“

„Mutti, das Fräulein wird doch wohl keinen Hunger haben? Sie ist nicht arm, ich brauche sie also nicht zum Kuchen in den Garten einzuladen wie die kleine Thusnelda?“

„Nein, Pucki, das brauchst du nicht. Doch sieh, da steht der Vati, er wird sich freuen, von dir etwas über den heutigen Tag zu hören.“

Pucki flog dem Vater in die geöffneten Arme.

„Im Walde bei dir ist es viel, viel schöner, Vati, aber ich denke, daß ich mich auch mit Thusnelda vertragen werde.“

Pucki will keinen hungern lassen

Die kleine Schulkameradin mit dem merkwürdigen Namen und dem festgeflochtenen Zopf, der wie ein Haken aus dem Hinterkopf herauskam, beschäftigte das Försterkind unaufhörlich. Daß das Kind immer Hunger hatte und nichts zum sattessen bekam, erschien Pucki unfaßlich. Sie hatte auch manchmal Hunger, aber dann bekam sie stets etwas zu essen. Auch Milch war stets vorhanden, viel Milch, von der sie trinken durfte. Ob Thusnelda jeden Tag solch einen Topf Milch bekam?

Alle diese Gedanken beschäftigten Pucki schon am nächsten Morgen, als sie sich erhob. Würde die Schulkameradin wenigstens heute satt sein? Ob sie die große Tüte schon leer gegessen hatte? –

„Mutti, wenn die Thusnelda nichts zu essen hat und auch keine Milch bekommt, möchte ich ihr etwas zu essen mitnehmen, wenn ich heute in die Schule gehe. Sie soll sich wieder freuen."

„Frage das kleine Mädchen ruhig, und wenn es Hunger hat, will ich dir gern an jedem Tage ein Butterbrot mitgeben, das du ihr schenken darfst."

„Wenn sie aber heute schon Hunger hat?"

„Das kleine Mädchen kann auch einmal nach dem Forsthause kommen, um Milch zu trinken. Das bestelle ihr. Sie soll sich von der größeren Schwester herführen lassen, denn Milch ist immer bei uns vorhanden."

„Bekommt dann die große Schwester auch Milch? Die größere Schwester hat vielleicht noch viel größeren Hunger."

„Selbstverständlich bekommt auch die größere Schwester etwas zu essen. Doch nun beeile dich, Pucki, wir müssen zur Schule. Heute dauert es zwei Stunden, bis du wieder heimkommst."

„Das ist aber lange!" –

Auch am heutigen Tage brachte Frau Sandler ihr Töchterchen bis zum Schulhause. Wieder saß Pucki mit dreiundvierzig anderen Kindern in der Klasse, wieder stand Fräulein Caspari vor ihnen und ließ die Tafeln herausnehmen, damit die Kinder auch heute zeichneten und schrieben.

„Wir haben gestern einen Buchstaben auf die Tafel gemalt. Wer weiß noch, wie dieser Buchstabe hieß?"

„Ein Osterei!"

„Eine Null!"

„Nein, ich meine den Buchstaben mit dem Punkt. – Nun, Pucki, du wirst es sicherlich behalten haben."

„Ja, – ich habe ihn behalten, ich kenne ihn ganz genau, aber ich habe seinen Namen vergessen."

„Vielleicht weißt du ihn, Thusnelda?"

Aber Thusnelda senkte verlegen den Kopf und steckte die kleine Hand in den Mund.

„Nun, Thusnelda?"

„Ach, Fräulein", rief Pucki, „fragen Sie mal das kleine Mädchen nicht; Thusnelda hat Hunger, und darum kann sie nicht antworten. – Hast du Hunger?"

Thusnelda nickte.

„Bei uns bekommst du ein Butterbrot, morgen bringe ich es dir mit, und Milch bekommst du auch. Du mußt nur zu uns kommen. Deine große Schwester bekommt dann auch Milch."

„Pucki", mahnte die Lehrerin, „im Schulzimmer mußt du ruhig sein und warten, bis du gefragt wirst."

„Wenn ich nun aber was sagen will?"

„Dann hebst du den Finger in die Höhe und meldest dich."

Sofort ging Puckis Fingerchen in die Höhe, und erneut wandte sie sich an Thusnelda.

„Meine Mutti hat gesagt, du sollst zu uns kommen, du brauchst nicht mehr zu hungern. Weißt du was, du kommst heute zu uns, mit deiner Schwester. Wir gehen dann zur Kuh, und die wird gemelkt, dann trinken wir immerfort."

„Pucki, hast du nicht gehört, daß ich dir verboten habe, so viel zu plaudern?"

„Ich halt' ja den Finger hoch, dann darf ich es doch!"

„Nein, dann darfst du noch lange nicht plaudern."

„Fragst du mich nicht?"

Aufs neue versuchte die Lehrerin, den Kindern klarzumachen, daß sie sie nicht duzen dürften. Das war eine ziemlich schwierige Arbeit. Pucki fand es gar seltsam, daß sie zur Lehrerin anders sagen sollte, wie zu allen anderen Menschen.

Man begann wieder mit dem Stäbchenlegen, dann erzählte die Lehrerin vom lieben Gott, der die Erde geschaffen, der das Licht und die Meere gemacht und Adam und Eva in das Paradies gesetzt hatte.

„Ich kann auch das Licht machen“, rief der vorlaute kleine Heinz. „Ich knips' einfach, dann ist das Licht da.“

„Ich knips' auch“, rief Pucki.

Wilder Tumult entstand. Fast jedes Kind erzählte von dem Licht, das es im Elternhause andrehen konnte. Nur wenige Kinder blieben still; darunter auch Thusnelda.

„Darfst du nicht knipsen?“ fragte Pucki.

Sie schüttelte den Kopf. Sie kannte kein elektrisches Licht. Daheim saß man bei der Petroleumlampe.

Die Lehrerin bemühte sich erneut, durch ihre Erzählung vom lieben Gott die Aufmerksamkeit der Kinder zu erregen. Sie sprach von Gottes Güte, von seiner Weisheit und daß er jede Unart sähe und auf jedes Kind aufpasse.

„Wenn ihr in den finsteren Wald geht, braucht ihr euch nicht zu fürchten, weil immer jemand da ist, der auf euch aufpaßt. – Nun, wer weiß mir diese Frage zu beantworten: Wer ist auch im finstersten Walde?“

„Mein Vati!“ jubelte Pucki, „der geht immer mit der Flinte durch den Wald.“

„Aber der liebe Gott ist auch da.“

„Und der Schutzengel, der läuft immer neben mir her, Fräulein Caspari!“

„Jawohl, Pucki, du hast recht.“

Wieder wollte sie anfangen, von dem Vater zu erzählen, von den Holzfällern, vom Eichkätzchen und den Bäumen, aber sie wurde auch jetzt wieder zur Ordnung gerufen und mußte still sein.

„Ich wiederhole noch einmal, Pucki, wenn du etwas fragen willst, hebst du den Finger, dann werde ich dir stets Antwort geben."

Schon fuhr das Fingerchen wieder in die Höhe.

„Was möchtest du wissen?"

„Ob wir nicht bald nach Hause gehen können?"

„Gefällt es dir nicht in der Schule? Willst du ein dummes Mädchen bleiben und nichts lernen?"

„O nein, Fräulein Caspari, aber vielleicht steht die Mutti heute wieder mit 'ner Tüte draußen."

„Das gibt es nur am ersten Schultage."

„Es haben aber so viele Kinder keine Tüte bekommen. Ich habe meine Tüte der Thusnelda geschenkt, und nun soll die Thusnelda zu uns kommen und was Schönes zu essen haben."

„Ich habe auch keine Tüte bekommen", rief einer der Knaben.

„Dann komm nur auch zu uns, Mutti schenkt dir was."

Es meldeten sich noch verschiedene Kinder, die ebenfalls wehmütig davon berichteten, daß sie am ersten Schultage leer ausgegangen waren.

„Hat eure Mutti auch kein Geld für eine Tüte?"

„Nein", klang es im Chore zurück.

„O je, dann kommt nur heute nachmittag alle in die Försterei. Meine Mutti hat Kuchen und viel Milch, und in einem Napf, in der einen Stube, steht auch Schokolade. Mutti hat gesagt, kein Kindchen darf Hunger haben. Ihr könnt alle zu uns kommen, wir haben soooo viel zu essen!"

„Ich habe immer Hunger", rief ein kleiner kecker Bursche. „Ich komm' und esse immerfort Schokolade bei dir!"

„Nun ja, dann komm nur“, sagte Pucki treuherzig, „und wenn du nicht allein gehen darfst, dann bring die große Schwester mit. Das hat die Mutti auch gesagt.“

Der Lärm und die Begeisterung in der achten Klasse wurden immer größer. Mehrfach klatschte die Lehrerin in die Hände. Da sagte Pucki strahlend:

„Gelt, nun freust du dich, Fräulein Caspari, daß alle Kinder keinen Hunger mehr zu haben brauchen?“

„Du darfst doch nicht alle Kinder zum Kuchenessen einladen. Was wird denn deine Mutter sagen, wenn heute nachmittag so viele Kinder ankommen?“

Das Försterskind fuchtelte begeistert mit beiden Ärmchen um sich. „Sie sollen alle kommen, das hat die Mutti gesagt.“

Schließlich gelang es der Lehrerin die Ruhe wieder herzustellen. Aufmerksamkeit herrschte jedoch nicht mehr, denn einer tuschelte es dem anderen zu, daß man heute nachmittag im Forsthause Birkenhain Schokolade bekäme und Kuchen essen dürfe.

„Soll ich meine Großmutter auch mitbringen?“ fragte eines der kleinen Mädchen.

„Das weiß ich nicht. – Wenn sie kommen will, soll sie ruhig mitkommen.“

Schließlich waren die beiden Stunden des zweiten Schultages vorüber. Doch diesmal trennten die Kinder sich nicht so rasch wie gestern. Wohl waren verschiedene Mütter vor der Schule, aber keine von ihnen trug eine Tüte. Frau Sandler war nicht gekommen, nur Minna stand draußen, um Pucki abzuholen. Da gerade die anderen Klassen Pause hatten, liefen verschiedene der Abc-Schützen zu ihren Geschwistern, um ihnen die freudige Botschaft zu übermitteln, daß man heute nachmittag im Forsthause sein würde, um Schokolade und Kuchen zu essen.

Ein etwa neunjähriger Knabe stellte sich keck vor Pucki hin und sagte: „Ich habe auch keine Tüte bekommen, ich komme mit!“

„Komm nur“, meinte Pucki, „unsere Kuh gibt immer wieder neue Milch, man braucht sie nur zu melken.“

„Was redest du denn da, Pucki?“ fragte Minna.

„Komm fix nach Hause, Minna, ich muß der Mutti erzählen, was ich ihr für eine große Freude mache. Die Thusnelda braucht nicht mehr zu hungern und die anderen auch nicht.“

Frau Sandler ahnte nicht, was ihr für heute nachmittag bevorstand. Überglücklich erzählte Pucki von all den Kindern, die heute nachmittag herauskommen würden, weil sie Hunger hätten.

„Mutti, wir geben ihnen gute Milch und ein bißchen Kuchen.“

„Wollen sie bestimmt herauskommen?“

„O ja, sie haben es gesagt. Die Thusnelda bringt auch die große Schwester mit.“

„Nun, auf ein Glas Milch soll es uns nicht ankommen, Pucki.“

Die Einladung der kleinen Försterstochter wurde von vielen Eltern mißverstanden. Es gab zahlreiche arme Familien in Rahnsburg, die das Forsthaus Birkenhain und Sandlers kannten. Manche Väter waren in dem Forst beschäftigt, man wußte auch, daß des öfteren Krüge mit Milch in den Wald gebracht worden waren, wenn es galt, den erhitzten und müden Männern eine Erfrischung zu reichen. Es erschien daher diesen Eltern gar nicht verwunderlich, daß Pucki einige ihrer Mitschüler für heute eingeladen hatte. Selbstverständlich konnten die Sechsjährigen nicht allein hinausgehen. So schlossen sich größere Geschwister an.

Die ersten Kinder, die kamen, blieben ein wenig scheu am Gartenzaun stehen, bis ein kecker Bube energisch rief:

„Wir sind da, wir wollen Kuchen und Schokolade!“

Förster Sandler und dessen Frau traten aus dem Hause und blickten voller Erstaunen die sieben Kinder an, die wartend draußen standen. Einige von ihnen kannte er, es waren Söhne und Töchter seiner Holzfäller, die nicht gerade in guten Verhältnissen lebten.

„Dann kommt mal herein in den Garten", sagte er gutmütig.

Noch hatten diese Kinder nicht Platz gefunden, als eine neue Schar herangezogen kam, unter ihnen Thusnelda Reichert mit ihren vier Geschwistern.

„Was bedeutet denn das?" fragte bestürzt die Försterin. Schon stand Pucki vor der Mutter, hüpfte von einem Fuß auf den anderen und lachte herzlich.

„Mutti, heute hast du viel mehr Besuch als an deinem Geburtstage. Oh, wirst du dich freuen. Ich glaube ganz hinten kommen noch welche!"

„Hast du dir alle diese Kinder eingeladen?"

„Ja, Mutti, wie du es gewollt hast, damit keiner hungert. Ich habe gesagt, sie sollen alle kommen, du gibst ihnen schon was!"

„Aber Pucki, woher soll ich denn soviel Milch und Kuchen nehmen?"

„Hab keine Angst, Mutti, wir lassen die Minna noch einmal in den Kuhstall gehen, dann ist wieder ein großer Topf mit Milch da."

Es stellten sich sogar einige Mütter ein, die ihren sechsjährigen Kindern nach dem Forsthause gefolgt waren, um gleich bei der Begrüßung Förster Sandler herzlichen Dank für die Einladung auszusprechen. Weder Sandler noch seine Frau wußten Rat. Die Schar war auf etwa zwanzig Köpfe angewachsen; kaum fanden alle im Garten Platz, um sich niedersetzen zu können. Die meisten warteten artig und bescheiden auf die Genüsse, die kommen sollten; es gab aber auch solche darunter, die nach Kuchen riefen und an einem Stück nicht genug hatten.

Minna stand in der Küche und zankte über Pucki, die in ihrer Gutmütigkeit und Unwissenheit so viele Gäste herbestellt hatte. Ununterbrochen buk sie Waffeln, doch es ging nicht so schnell, wie es eigentlich hätte gehen müssen. Wenn Frau Sandler wieder einen Teller hinaustrug, so streckten sich viele kleine Hände nach dem duftenden Gebäck aus.

Pucki stand an einem Baume und schaute mit leuchtenden Augen auf die schmausende Schar. Sie, die sonst so gern knusprige Waffeln aß, dachte heute nicht an sich. Sie glaubte, daß alle diese Kinder fürchterlichen Hunger hätten und noch niemals so gute Waffeln zu essen bekommen hätten. Das kleine Herz war übervoll von Glück, wenn sie sah, wie gut es allen schmeckte. Dort war ein kleiner, blasser Junge, der sich den Mund so voll stopfte, daß er kaum atmen konnte; dort drüben, das kleine Mädchen mit dem verbundenen Auge, leckte soeben den Zucker von den Fingerchen und sah sehr glücklich aus.

„Mutti – Mutti –“ rief Pucki, „sieh nur, wie froh sie alle sind. – Sieh mal, dort der kleine Junge ißt noch schneller als unser Harras! – Ach, Mutti, ich könnte immerzu tanzen!“

„Willst du nicht auch eine Waffel essen, Pucki?“

Pucki schüttelte den Kopf. „Die Kinderchen sollen sie alle essen! – Ach, Mutti, ich möchte, sie kämen jeden Tag her und futterten sich satt!“

Frau Sandler ahnte das Glück, das in dem Kinderherzen erwachte bei dem Anblick so vieler erfreuter Kinder. – Pucki stürmte durch den Garten, unbeachtet von all den Schmausenden, klatschte in die Hände und jauchzte immer wieder:

„Wie sie alle futtern – sie werden keinen Hunger mehr haben!“

Für sie selbst schien in dem großen Forsthausgarten kein Platz zu sein. Sogar auf Holzklötzen, die man herbeigetragen hatte, saßen die Kleinen. Doch was schadete das, es schmeckte allen, und man labte sich an der guten Milch, die Frau Sandler herbeibrachte. Und über den Kindern, hoch oben in den Zweigen der Bäume, sangen die Vöglein ihre Frühlingslieder.

Pucki lief nach der Gartenpforte und verfolgte mit den Blicken eine Amsel. „Nachher sind da viele Krümchen für euch da, dann habt auch ihr es gut!“ rief sie.

„Wer hat es gut?“

Hedi Sandler fuhr herum, und ihr Gesicht hellte sich auf.

„Onkel Oberförster – guck mal, alle die Kinder da habe ich eingeladen."

„Ja, was ist denn heute bei euch los, Pucki?"

„Die Kinder habe ich mir eingeladen, Onkel Oberförster."

„Na, das ist ja eine recht große Gesellschaft. – Kann ich nicht auch eine Waffel bekommen? Sieh mal, das sind meine beiden Jungen, die zu den Ferien heimgekommen sind und noch ein Weilchen hierbleiben müssen, weil in ihrer Schule eine böse Krankheit ausgebrochen ist."

Mit leuchtenden Blauaugen blickte Pucki unerschrocken zu den beiden Jungen auf. Der eine war hochaufgeschossen, der andere bedeutend kleiner und ein wenig rundlich.

„Sind das deine Kinder, Onkel Oberförster?"

„Ja, das hier ist der Claus, der in der Prima sitzt, und das hier –"

Pucki lachte. „Ich weiß schon, Onkel Oberförster, das hier ist der große Claus, und das da ist der kleine Claus. Aber der große Claus gefällt mir besser als der kleine Claus."

Claus Gregor, der Primaner, lachte belustigt auf bei den Worten des reizenden kleinen Mädchens.

„Warum gefalle ich dir denn nicht?" fragte Eberhard, der Vierzehnjährige.

„Mir gefällt der große Claus eben besser."

„Bekomme ich dann auch eine Waffel?"

„Komm mal mit, ich werde die Minna fragen." Pucki streckte die Hand aus und versuchte den Primaner in den Garten zu ziehen.

„Laß nur", wehrte der ab, „wir wollen die Waffeln deinen kleinen Gästen nicht fortnehmen."

„Komm nur ruhig mit in den Garten. Mutti hat gemeint, wir sollen nachher spielen, dann kannst du mitmachen."

„Siehst du, Claus", lachte der Oberförster, „nun hast du gleich eine Beschäftigung. Pucki wird dir schon zu tun geben."

Der Primaner schien wenig Lust zu haben, mit all den kleinen Kindern zu spielen. Aber Pucki ließ seine Hand nicht mehr los.

„Nur ein bißchen, weil – ich dich doch so gern hab'!"

„Du kennst mich doch noch gar nicht."

„Nein; aber jetzt kenne ich dich, und dich habe ich gern. – Ich habe aber auch den Harras gern. – Du mußt dir mal den Harras ansehen."

Frau Sandler, die noch im Garten umherging, um die vielen kleinen Gäste nach Möglichkeit zu bewirten, bemerkte den Oberförster mit seinen beiden Söhnen. Sie kam rasch näher und erstattete mit verlegenem Lachen Bericht über den unerwarteten Besuch, der sich heute im Forsthause eingefunden hatte.

„Es sollten nur einige bedürftige Kinder herauskommen, Herr Oberförster, aber Pucki hat wahrscheinlich die Einladung so ungenau gemacht, daß noch viele andere Kinder sich mit auf den Weg gemacht haben. Ich konnte sie doch nicht wieder fortschicken."

„Du – großer Claus", flüsterte Pucki, „das sind alles kleine Kinder, die furchtbar hungern. Aber heute sind sie satt."

„Macht dir das Freude, Pucki?"

„Sehr große!"

„Du bist ein braves, kleines Mädchen."

„Kommst du jetzt mit uns spielen, großer Claus? Ich rufe schnell ein paar Kinder, dann gehen wir in den Wald und spielen."

Es gelang Claus Gregor nicht, sich fortzuschleichen.

„Bleibe nur hier", lachte der Oberförster, „die kleine Pucki rechnet auf deine Hilfe. Lange wird es ja nicht dauern."

Pucki hatte sich verschiedene Kinder zu einem Kreisspiel herangeholt. „Wir spielen nun ›Fuchs, du hast die Gans gestohlen.‹"

Hell und lustig erklangen die Kinderstimmen. Claus Gregor mußte mitsingen. Und während man sich dauernd im Kreise drehte, tönte es durch den Wald:

„Fuchs du hast die Gans gestohlen,
Gib sie wieder her,
Sonst wird dich der Jäger holen
Mit dem Schießgewehr."

Pucki sang das Lied bis zu Ende.

„Nimm, du brauchst nicht Gänsebraten,
Mit der Maus fürlieb!"

Da lachte der große Claus, hob Pucki auf seinen Arm und schwenkte sie einige Male hoch in die Luft.

Endlich kam Förster Sandler aus dem Walde heim und erklärte, es sei nun an der Zeit, daß die Kinder wieder heimgingen. Pucki bedauerte das auf das lebhafteste. Der heutige Tag war für sie eine einzige Freudenstunde gewesen, die sie gar gern noch länger ausgedehnt hätte.

„Wir kommen bald wieder", klang es von vielen Kinderlippen.

„Ja, kommt mal recht bald!"

Frau Sandler warf ihrem Manne einen verzweifelten Blick zu, doch der winkte beruhigend mit der Hand. Es ging selbstverständlich nicht, daß öfters ein derartiger Massenbesuch das Forsthaus aufsuchte.

„Bist du nun glücklich?" fragte Pucki eine der Frauen, die mitgekommen war.

„Sehr glücklich, du kleines Mädchen. Du kannst dir nicht denken, wie schlimm es ist, wenn man Kinder hat, die manchmal hungern und frieren müssen."

„Frieren mußt du auch?"

„Sehr oft; wir sind arme Leute und haben kein Holz und keine Kohlen."

„Oh –" jubelte Pucki, „Holz kannste kriegen! Mein Vati hat so viel Holz! Weißt du was, wenn ihr wiederkommt, dann sage ich es dem Vati und dem Onkel Oberförster. Der hat noch viel mehr Holz! Dem gehört alles Holz, das im Walde steht. Der Onkel Oberförster ist sehr gut."

Für die gutgemeinten Worte des Kindes hatte die Frau nur ein Lächeln. Sie wußte genau, daß auch der gutmütigste Oberförster das Holz, das im Walde aufgeschichtet war, nicht verschenken durfte. Trotzdem nahm Pucki sich vor, den guten Onkel Oberförster bei der nächsten Gelegenheit darum zu bitten.

Heinzelmännchen an der Arbeit

„Au!"

Pucki steckte den Finger in den Mund, aus dem ein großer Blutstropfen hervorquoll. Seit Tagen bestickte sie einen Lampenteller. Es war eine ganz leichte Handarbeit, aber Pucki machte sie große Mühe, und oftmals wurde das Genähte wieder aufgetrennt, weil sie die Nadel nicht in die richtigen Löcher gesteckt hatte. – Nun ging das Geburtstagsgeschenk für den Vater seiner Vollendung entgegen. Es waren nur noch am Rande einige Stiche auszuführen, und am Donnerstag würde der fertige Lampenteller auf dem Geburtstagstisch des Vaters liegen.

Zu Puckis Füßen spielte die zweijährige Waltraut mit Bauklötzen. Auch sie schien schwere Arbeit zu haben, denn der Turm, der errichtet werden sollte, purzelte immer wieder zusammen. Schließlich fing Waldi an zu weinen und schleuderte einige der Bauklötzchen zornig gegen die Tür.

„Bist du artig!" herrschte Pucki die kleine Schwester an, „sonst steche ich dich mit der Nadel!"

„Waldi will einen Turm!"

„Waldi ist ein kleines, dummes Mädchen."

„Waldi will einen Turm!"

„Dann baue ihn dir."

„Kann nicht!“ Die Kleine schlug zornig mit einem Klotz auf den Fußboden.

„So ein unartiges Kind“, sagte Pucki seufzend.

„Waldi will einen Turm!“

„Husch – ruhig bist du!“ Pucki schlug mit dem gestickten Lampenteller nach der kleinen Schwester, die erschrocken zurückwich und zu schreien begann.

„Waldi will doch einen Turm!“

Da sprang Pucki auf, aber Waldi ahnte, daß ihr etwas Unangenehmes blühte; sie lief davon, stolperte über den Teppich und fiel der Länge nach auf den Fußboden.

„Siehst du“, sagte Pucki, „das kommt davon, wenn man unartig ist.“

Waltraut schrie nun so laut, daß die Mutter herbeigeeilt kam. Sie mußte ihre Jüngste trösten.

„O weh, das gibt eine ordentliche Beule am Kopfe“, sagte die Mutter bedauernd. „Unser Kleinchen wird ein Horn bekommen. – Weine nicht, Waltraut, Mutti reibt es gut ein, dann tut es nicht mehr weh.“

„Ein Horn kriegt sie?“ rief Pucki neugierig. „Genau so ein Horn, wie unsere Kuh hat?“

„Nein, aber was habt ihr denn wieder gemacht?“

„Sie wollte einen Turm, und ich wollte nicht. Dann habe ich sie auszanken wollen, da ist sie hingepurzelt, weil sie so unartig ist.“

„Du mußt nett zu deinem kleinen Schwesterchen sein, Pucki, wie sich das für ein artiges Mädchen gehört. Aber auch Waltraut darf keine Mucken haben.“

„O Mutti, Mutti!“ jubelte Pucki, „jetzt weiß ich es, der Waldi wächst ein Muckenhorn! Vati hat mir erzählt, daß Mucki auch ein Muckenhorn auf der Stirn hat. – Mutti, jetzt hast du nicht nur eine Pucki, nu hast du auch noch 'ne Mucki mit 'nem Horn!“

Frau Sandler mußte lachen. Sie erinnerte sich noch ganz genau daran, daß ihr Mann vor längerer Zeit einmal seiner Ältesten die Geschichte von der Waldfrau und deren Tochter Mucki mit dem Horn erzählt hatte. Das war der Kleinen anscheinend nicht wieder aus dem Gedächtnis gekommen.

Pucki freute sich unbändig. Sie erzählte es sofort Minna, daß Waldi nun nicht mehr Waldi, sondern Mucki hieße.

„Und ein Horn wächst ihr, soooo lang!“ Das Kind breitete beide Arme weit aus.

„Geh lieber zurück an deine Arbeit, sonst kommt Vaters Geburtstag heran, und der Lampenteller ist noch nicht fertig.“

„Immerfort soll ich arbeiten – früh in der Schule und nachmittags an dem Teller. – Aber nun ist er bald fertig.“

Waltraut beruhigte sich rasch wieder. Trotzdem hielt die Mutter es für angebracht, sich zu den Kindern zu setzen, um sie ein wenig zu beaufsichtigen. Pucki hatte außerdem Fehler in ihrer Stickerei gemacht. Die letzten Stiche mußten aufgetrennt werden.

„Nun gib aber acht“, tadelte Frau Sandler. „Du hast noch viel zu tun, und die Heinzelmännchen werden nicht kommen, um den Lampenteller fertig zu machen.“

„Warum kommen die Heinzelmännchen nicht zu mir, Mutti?“

„Weil du nicht immer artig bist. Sie haben gesehen, wie du vorhin dein kleines Schwesterchen geärgert hast. Da bleiben sie fern.“

„Mutti, wären sie gekommen, wenn ich Mucki nicht geärgert hätte?“

„Vielleicht.“

„Ach, Mutti, dann will ich die Heinzelmännchen bitten, daß sie kommen. Ich werde auch die Mucki nicht mehr ärgern. Vatis Geburtstag ist ja bald. Bis dahin werde ich artig sein.“

„Wo Heinzelmännchen?“ forschte Waldtraut.

Die Kleine versuchte auf den Schoß der Mutter zu klettern. Pucki beobachtete das Schwesterchen mit mißgünstigen Blicken. Und als Waltraut von der Mutter emporgehoben wurde, legte auch sie die Handarbeit zur Seite, zog den kleinen Stuhl dicht an die Mutter und bat:

„Mutti, ich möchte so furchtbar gern noch mal die Geschichte von dem Schneider und den Heinzelmännchen hören."

„Und dabei wird gearbeitet, Pucki."

„Ja – –"

Die Kleine holte den Lampenteller wieder herbei und begann zu sticheln, während Frau Sandler den lauschenden Kindern die Geschichte von dem fleißigen Schneider erzählte, der soviel Arbeit hatte, daß er immer bis Mitternacht in seiner Schneiderstube saß.

„Eines Nachts", so fuhr die Mutter fort, „hörte er ein feines Stimmchen und sah an der Tür ein winziges Männchen stehen, das bittend sagte:

›Lieber Schneider, hilf uns! Die bösen Leute haben einen dicken Baumstamm gerade vor den Eingang meiner Wohnung gelegt, ich kann diesen Baumstamm aber allein nicht fortschieben. Komm mit mir hinaus in den Wald und hilf mir.‹

›Du kleines, liebes Kerlchen‹, sagte der Schneider, ›ich habe allerdings sehr viel Arbeit, die bis morgen früh fertig sein muß, aber ich will dir trotzdem gern helfen. – Führe mich.‹

Das Männchen führte den Schneider tief in den Wald hinein. Endlich machte es halt und wies auf einen am Boden liegenden Baumstamm.

›Nimm ihn fort‹, bat das Männlein, ›damit ich wieder in meine unterirdische Wohnung kann.‹

Der Schneider packte wacker zu, doch der Baum war so schwer, daß ihm die Schweißtropfen über das Gesicht liefen. Der Baum rührte sich nicht."

„Oh, Mutti", sagte Pucki, „so einen dicken Baum, wie er im Walde liegt, bekommt ein dünner Schneider überhaupt nicht weg. Das hätte er gar nicht erst zu versuchen brauchen. Das kann nicht mal der Vati."

„Hast recht, Pucki, doch das Heinzelmännchen bat den Schneider mit Tränen in den Augen. So quälte er sich eine Stunde nach der anderen –"

„Er kriegt ihn doch nicht weg, Mutti. – Ich habe mal zugesehen, wie sich zwei Leute mit so was abquälten."

„Der liebe Gott hat dem Schneider, weil er so tapfer helfen wollte, ganz plötzlich viel Kraft gegeben; und als der Morgen graute, gelang es ihm, den Baumstamm von der Stelle zu rücken."

„Dann muß der liebe Gott wohl ein bißchen mitgerückt haben. Der Schneider allein hätte das wohl nicht fertig gebracht. Ich will mal den Vati fragen, der wird auch wohl sagen, daß ein Schneider allein sowas nicht schaffen kann."

„Es ist dem Schneider aber doch gelungen. Das Männchen bedankte sich herzlich und sagte: ›Nun warte noch zehn Minuten und ruhe dich aus, denn du bist sehr müde.‹ Dann zog es eine winzig kleine Pfeife hervor. Da huschten aus dem Loch etwa fünfzig kleine Heinzelmännchen heraus, die tuschelten mit dem Kerlchen, das den Schneider in den Wald geführt hatte und liefen eiligst davon. Der Schneider wollte durchaus heimgehen, weil noch sehr viel bis morgen fertig werden sollte, doch das Männchen sagte wieder: ›Warte noch ein Weilchen.‹

Endlich war der Schneider ein wenig ausgeruht und ging eilig zurück in seine Schneiderstube. – Aber, o Wunder – alles war genäht, die Anzüge fix und fertig, denn die guten Heinzelmännchen, denen der brave Schneider geholfen hatte, waren nach der Werkstatt gelaufen und hatten die Arbeit beendet."

„Können die Heinzelmännchen denn so nähen wie ein Schneider?"

„Die Heinzelmännchen können alles."

Puckis Augen wurden groß. „Können sie auch einen Lampenteller sticken?"

„Ja, Pucki, aber dem Vati würde es keine Freude machen, wenn seine Tochter ihm nicht selbst das Geschenk gearbeitet hätte. Du brauchst die Heinzelmännchen nicht."

„Kommen die Heinzelmännchen immer, wenn man sie ruft, Mutti?"

„O nein – nur wenn Menschen in großer Not sind, und wenn sie immer gut waren."

„Na, dann will ich den Teller nur allein fertig sticken. – Ist es jetzt so richtig, Mutti?"

„Ja, Pucki. – Sieh, nun hast du nur noch vier Sternchen zu arbeiten, dann ist er fertig, und das wirst du bis zum Donnerstag schaffen."

Die Heinzelmännchen gingen Pucki nicht aus dem Sinn. Gar zu gern hätte sie auch einmal solch ein kleines Kerlchen gesehen. So bat sie den Vater, er möge sie wieder einmal mit in den Wald nehmen, dorthin, wo die großen Baumstämme liegen. Der Vati hatte gleichfalls gemeint, wenn der liebe Gott dem Schneider nicht besondere Kräfte verliehen hätte, würde der es wohl kaum fertig gebracht haben, den Baumstamm fortzuschieben.

Nun schaute das Kind aufmerksam an den Stämmen entlang, ob nicht irgendwo ein Loch zu sehen wäre. Doch der Vater lachte es aus, und unverrichtetersache kehrte Pucki wieder heim.

Mittwoch nachmittag war der Lampenteller fertig. Pucki strahlte vor Freude. Die Pappe war allerdings ein wenig verbogen, aber Minna meinte, sie würde sie schon wieder gerade bekommen, sie wolle den Teller ein wenig pressen.

„Jetzt lege ich dem Vati auf den Teller noch einen Zettel, darauf schreibe ich meinen Namen."

„Du kannst ja noch nicht schreiben, Pucki."

„Doch – meinen Namen schreibe ich. – Paß mal auf."

Pucki ging hinüber in des Vaters Arbeitszimmer. Die Eltern waren nicht daheim, Minna war mit den Kindern allein im Hause. Pucki nahm den

Federhalter und ein Stück Papier und machte darauf die verschiedensten Striche, an die sie zum Schluß das gelernte „i“ hing. Zum Schluß kam noch ein dicker Punkt über das i. Dazu tauchte sie die Feder tief in die Tinte. Da fiel ein dicker, schwarzer Tropfen auf den schön gestickten Lampenteller.

Das Kind erschrak. Im ersten Augenblick dachte die Kleine, die Schiefertafel vor sich zu haben. Sie legte drei Finger an die Zunge und fuhr mit ihnen hastig über den Tintenfleck hinweg.

„Oh – oh –!“ Die Tinte verwischte sich über den Teller, über die mühevolle Stickerei und machte das Geschenk unbrauchbar. „Minna! – Minna!“

Pucki stürmte in die Küche, hielt der treuen Hausgenossin den Lampenteller hin, und während ihr Tränen aus den blauen Augen tropften, rief sie schluchzend:

„Mein schöner Teller. – Minna, was wird Vati sagen?“

„Du Schmierfink, was hast du denn da wieder gemacht? Das ganze Geschenk ist verdorben, so etwas kannst du unmöglich dem guten Vater schenken. – Aber Pucki!“

„Ich wasch' ihn schnell ab.“

Schon hatte das Kind die Bürste genommen und fuhr damit über den Lampenteller hinweg, ehe Minna es verhindern konnte.

„Aber Pucki!“

Das kleine Mädchen rieb aus Leibeskräften. Das Wasser begann die bestickte Pappe zu erweichen, und plötzlich zerfiel der Teller in zwei Stücke.

„Minna – Minna – –“. Fassungslos stand Pucki mit den beiden Hälften vor dem Mädchen und weinte so heftig, daß der kleine Körper zitterte. „Immerfort habe ich daran gestickt, der Finger ist dabei kaputt gegangen, und nun ist alles futsch!“

Der Jammer des Kindes griff Minna ans Herz, doch es gelang ihr nicht, das Kind zu trösten.

„Du mußt dem Vati morgen etwas anderes schenken. Dann freut er sich gewiß auch."

„Ach, der schöne Teller! Minna, sticke mir einen neuen Teller."

„Das geht nicht, Pucki, ich habe auch keinen Lampenteller. Weine doch nicht so, wir werden alles der Mutti erzählen, vielleicht weiß sie Rat."

Kummervoll erwartete das Kind die Heimkehr der Mutter. Noch immer weinend, eilte sie ihr entgegen und hielt ihr den zerstörten Lampenteller hin.

„Da hast du wieder durch deine Unvorsichtigkeit etwas Schönes angerichtet, Pucki. Der Vater hätte sich sehr über deine erste Handarbeit gefreut. – Nun kannst du ihm morgen nichts schenken."

„Ich möchte aber dem Vati was schenken! Ach, Mutti, hilf mir doch!"

„Es ist dir verboten worden, an das Tintenfaß zu gehen, Pucki, du bist also wieder einmal unfolgsam gewesen, und das ist nun die Strafe."

Über alle Maßen betrübt, ging Pucki in das Kinderzimmer, sie hielt noch immer die beiden Hälften des Lampentellers in den Händen. Sie dachte daran, daß jeder dem Vati morgen etwas schenken durfte, nur sie würde mit leeren Händen dastehen. Da tropfte Träne auf Träne aus den blauen Augen.

„Wenn ich die ganze Nacht durch sitze und immerzu nähe, kann ich dem Vati vielleicht noch so einen Lampenteller machen."

Wieder lief sie zur Mutter, um ihr diesen Vorschlag zu machen.

„Ach, Mutti, Pucki ist traurig, wenn sie dem Vati nichts schenken kann."

„Das ist deine Schuld, mein Kind, ich kann es nicht ändern."

Beim Abendessen vermochte das Kind nur mit Mühe zu essen, und als der Vater fragte, was ihm fehle, hätte Pucki am liebsten wieder geweint.

„Ich – wollte dir was schenken – nun ist es nicht mehr da."

„Das ist freilich schlimm. Wo ist es denn hin?“

„Kaputt.“

„Hast du es kaputt gemacht, Pucki? Nun, vielleicht können die Heinzelmännchen es wieder ganz machen.“

„Oh – – die Heinzelmännchen!“ Puckis Gesichtchen strahlte vor Freude. Die guten Heinzelmännchen hatten einstmals dem Schneider geholfen, die Heinzelmännchen konnten gewiß auch einen Lampenteller sticken oder den zerbrochenen zusammenleimen und die Tintenflecke fortwischen. – Die Heinzelmännchen waren die einzige Rettung.

Gleich nach dem Abendessen lief das Kind hinaus in den Garten. Fromm faltete es die Hände.

„Lieber Gott, ich bin so furchtbar traurig, weil ich morgen dem Vati nichts schenken kann. Laß alle deine Heinzelmännchen zu mir kommen, die im Walde wohnen. Sieh mal, lieber Gott, hier ist der Lampenteller, den ich dem Vati schenken wollte. Bitte, bitte, schicke mir die Heinzelmännchen, damit der Vati eine Freude hat.“

Pucki wartete ein Weilchen. Es rauschte gar seltsam in den Bäumen. – Ob das Englein waren, die zu den Heinzelmännchen hinflogen?

„Paß gut auf, lieber Gott, ich lege jetzt den kaputten Teller auf die Bank in die Laube. Wenn's Nacht ist, dann, bitte, bitte, schicke die Heinzelmännchen. Ich will auch zu meinem Schwesterchen lieb sein und bau' ihr immerfort einen Turm. Und morgen werde ich in der Schule gut aufpassen und nicht so viel plappern. – Lieber Gott, du hast doch kleine Mädchen furchtbar gern – schick mir die Heinzelmännchen.“

Sehr behutsam wurden die beiden Tellerhälften auf die Bank gelegt. So inbrünstig wie heute hatte Pucki noch niemals eine Bitte an den lieben Gott gerichtet.

„Du hast doch auch meinen Vati gern, der immer so lieb ist. Nun hat er keine Freude, wenn er den kaputten Teller bekommt. – Lieber Gott, die Mutti sagt, daß du gut bist, ach – sei doch heute recht lieb zu Pucki, sag es schnell den Heinzelmännchen und den lieben Englein und sage ihnen auch noch, daß sie nicht falsch nähen sollen, sonst muß die Mutti alles wieder auftrennen. – Lieber, lieber Gott, bitte, schick die Heinzelmännchen her."

Ganz leise verließ die Kleine die Laube und stellte sich abwartend hinter einen Baum. Wohl rauschte es in dessen Krone, aber über den Kiesweg huschten keine kleinen Männchen. – Ganz plötzlich glaubte Pucki leise Schritte zu vernehmen.

„Ich glaub', lieber Gott, nu kommen sie! Oh, ich hab' so große Freude! Nicht wahr, du sagst ihnen, daß sie den Teller bis morgen früh fertig haben. Ich komm' aber ganz früh her und hole ihn."

In der Veranda des Forsthauses stand Frau Sandler, die jedes Wort ihrer kleinen Tochter vernommen hatte. Sie hatte damals zwei ganz gleiche Lampenteller gekauft. Den einen hatte Pucki bestickt und durch ihre Unvorsichtigkeit wieder verdorben. Der andere sollte im Sommer für die Großmutter fertig gemacht werden.

„Pucki, wo bist du, du mußt nun schlafen gehen!"

Die Kleine hörte die Mutter rufen. Noch einmal schaute sie zum Himmel empor und bog winkend den Zeigefinger um.

„Komm rasch runter, lieber Gott, und sage es den Heinzelmännchen. Nicht wahr, du hilfst mir heute?"

Seltsam getröstet kehrte das Kind zur Mutter zurück und schaute sie mit schalkhaftem Lächeln an.

„Ob sich der Vater sehr freut, wenn ich ihm morgen doch den Lampenteller schenke?"

„Den hast du doch verdorben, Pucki."

„Vielleicht wird alles noch gut, Mutti, warte mal ab."

„So? – –"

„Mutti, ich habe ein schönes Geheimnis vor dir. – Aber morgen sage ich es dir. – Hab nur keine Angst, wenn es heute Nacht immerzu trippelt. Du brauchst dich nicht zu fürchten. Der liebe Gott paßt auf uns alle auf und auch auf – – die kleinen Heinzelmännchen.“

„Was sollen denn die Heinzelmännchen?“

„Mutti – vielleicht kommen sie doch zu Pucki! – Ach, ich habe heute den lieben Gott so schön gebeten. – Mutti, ist der liebe Gott wirklich so gut, wie du immer sagst?“

„Ja, mein Kleines, er ist sehr gut.“

„Na, dann wird er's schon machen. Da will ich mal ruhig schlafengehen. – Morgen ist Vatis Geburtstag – nun bin ich wieder ganz froh. Mutti, nu wollen wir aber mal wirklich sehen, ob der liebe Gott so gut ist, wie du sagst.“

Als Pucki im Bettchen lag, faltete sie erneut die Hände und sagte leise: „Du vergißt es doch nicht, lieber Gott? Auf der Bank in der Fliederlaube – da liegt er.“

Pucki war gerade eingeschlafen, als Frau Sandler leise zur Fliederlaube schlich und den zerbrochenen Lampenteller fand. Und dann brannte im Wohnzimmer noch eine ganze Weile die Lampe. Muttis Hände zogen Faden auf Faden durch die Löcher des Tellers, fertigten genau solche Sterne an, wie Pucki sie gestickt hatte, damit der Lampenteller dem anderen zum Verwechseln ähnlich sei.

Förster Sandler saß daneben und blickte gerührt auf seine liebe Frau, die das Flehen des Kindes gehört hatte und ihm helfen wollte.

Sie erzählte ihrem Mann den Vorfall und wiederholte die gläubigen Worte der Kleinen.

„Unsere Pucki hat zwar viele Fehler und ist mitunter sehr eigenwillig, sie hat aber ein gutes und weiches Herz und ist auch ein frommes Kind, das wird ihr im Leben viel nützen und weiterhelfen.“

„Und du, meine liebe Frau, bist nun das erbetene Heinzelmännchen und mußt mein Geburtstagsgeschenk arbeiten.“

„Ich tue es ja so gern.“

„Das weiß ich."

Förster Sandler zog seine Frau an sich und küßte sie herzlich.

Als gegen Mitternacht der Lampenteller fertiggestellt war, schlichen die Eltern an die Betten der schlafenden Kinder. Pucki lag mit geöffnetem Munde da, sie schien zu lächeln. Und es war auch so. Sie sah im Traume viele hundert Heinzelmännchen, die alle an dem Lampenteller nähten, die ihn neu preßten, zusammenflickten und dann mit schöner brauner Farbe anstrichen.

Trotz dieses herrlichen Traumes war Pucki am anderen Morgen sehr zeitig wach. Der erste Gedanke galt dem Geschenk für den Vater. Ganz leise stieg das Kind aus dem Bett, streifte hastig Schuhe und Strümpfe über, schlüpfte ins Kleidchen und lief hinaus in den Garten.

Ein Freudenschrei entfuhr seinem Munde. – Dort lag der Lampenteller schön gestickt und ganz heil auf der Bank.

„Ihr guten Heinzelmännchen! Ich streue euch heute auch viele Kuchenkrümel von Vatis Geburtstagskuchen hierher. – Ach, lieber Gott, das hast du aber gut gemacht!"

Den Teller in den Händen stürmte Pucki in das Forsthaus zurück. Noch lagen die Eltern in den Betten.

„Vati – Vati – ich gratuliere dir zum Geburtstag! Hier, siehst du – da hast du dein Geschenk!"

Und der Vati freute sich über die schöne Stickerei; er meinte, einen so schönen Geburtstagsmorgen hätte er lange nicht mehr gehabt.

„Soll ich dir mal was erzählen?"

„Freilich!"

Der Wahrheit gemäß berichtete die Kleine, was sich alles ereignet hatte.

„Vati, nu gehe ich wirklich nicht mehr an die Tinte, ich bin von heute an eine ganz artige Pucki, weil mir der liebe Gott so geholfen hat. Und nachher schenkst du mir auch ein Stück Kuchen für die Heinzelmännchen."

Pucki erhielt das Stück Kuchen und trug es gewissenhaft hinaus in die Fliederlaube. Dort legte sie es nieder. Bei ihrer Rückkehr aus der Schule stellte Pucki fest, daß die Heinzelmännchen auch am Tage umgingen, denn das Kuchenstück war aus der Fliederlaube verschwunden. Daß es dem Harras vorzüglich geschmeckt hatte, ahnte Pucki nicht. Der Hund mit seinem feinen Geruch hatte den Kuchen gar bald gefunden und verzehrt. Nun stand er wieder vor der Laube und schnupperte herum.

„Riechst du die Heinzelmännchen?" fragte die Kleine.

Doch Harras wartete auf Kuchen, nicht auf die kleinen, helfenden Waldgeister.

Des Vaters Geburtstag verlief sehr lustig. Es kamen viele Leute, die ihm gratulierten. Es gab Kuchen, Pucki bekam sogar Limonade, und lustig plauderte sie mit allen. Plötzlich mahnte die Mutter daran, daß Pucki noch für die Schule zu arbeiten hätte.

Die Kleine zog die Nase kraus, ging in das Zimmer zu der kleinen Schwester, spielte ein wenig mit Mucki, und nahm dann die Tafel zur Hand. Doch draußen im Garten wurde so lustig gelacht, daß Pucki lieber zuhören wollte. Endlich war es Abend geworden, die Mutter rief zum Essen, und Pucki stellte erschrocken fest, daß die Aufgaben noch immer nicht gemacht waren.

Oh, tröstete sie sich, die Heinzelmännchen haben ein so großes Stück Kuchen bekommen, ich will ihnen sagen, daß sie die Tafel vollschreiben sollen.

Das Kind ergriff die Tafel, trug sie hinaus in die Fliederlaube und sagte:

„Heda, ihr Heinzelmännchen, heute nacht müßt ihr wiederkommen und eine Eins und eine Vier immerfort hier drauf schreiben – die ganze Tafel voll. – Habt ihr es gehört? Morgen früh hole ich die Tafel."

Beim Abendessen fragte die Mutter, ob Hedi die Schularbeiten gemacht habe.

„Laß nur", sagte sie, „das machen mir jetzt immer die Heinzelmännchen. Ich habe die Tafel in die Laube getragen."

Weder der Förster noch seine Frau sagten dazu ein Wort. Beruhigt ging Hedi schlafen. Am nächsten Morgen eilte sie zur Laube, um die Tafel zu holen.

Aber wie erschrak sie! Da war weder eine Eins noch eine Vier. Auf der Tafel stand etwas ganz anderes, das sie jedoch nicht lesen konnte. Sie ging mit der Tafel zu Minna und sagte:

„Kannst du lesen, was hier steht?“

„O ja!“

„Was steht denn da?“

Minna las: „Schäme dich, Pucki! Ein faules Kind mag keiner leiden, ein faules Kind betrübt Vater und Mutter, und die Heinzelmännchen helfen in Zukunft auch nicht mehr.“

Puckis Gesicht färbte sich dunkelrot. – Das konnten nur die Heinzelmännchen geschrieben haben.

„Wisch das schnell weg, Minna!“

„Na, Pucki, was bedeutet denn das?“

Mit gesenktem Haupt schlich das Kind davon. – Jetzt war es zu spät, um die Schularbeiten zu machen. Doch Pucki nahm sich fest vor, von heute an fleißiger und aufmerksamer zu werden. Auch die Eltern hätten sonst keine Freude an ihr und würden traurig sein. Schuldbewußt blickte Pucki zum blauen Himmel empor.

Am Nachmittage gab es ein Gewitter, das erste in diesem Jahre. Da war Pucki recht niedergedrückt und vertraute der Mutter an, daß der liebe Gott heute gar so toll donnere, weil er mit Pucki böse wäre.

„Von heute an werde ich ganz bestimmt artig, Mutti! Ich habe in der Schule gut aufgepaßt und will immer schreiben und lesen, damit der liebe Gott wieder gut wird.“

Eine Stunde später schien die Sonne wieder hell und warm. Das nahm Pucki als Zeichen, daß nun alles wieder in Ordnung sei.

Pucki hilft überall

Seit jener Mahnung, die die Heinzelmännchen auf die Schiefertafel geschrieben hatten, gab Hedi Sandler sich die größte Mühe, in der Schule aufmerksam zu sein. Sie war sehr stolz, als Fräulein Caspari eines Tages sagte, daß sie mit ihr zufrieden sei. Nur eines tadelte sie nach wie vor: Pucki konnte den kleinen Mund nicht immer rechtzeitig halten. Sie hatte aber auch zu viel zu erzählen. Alles, was sie im Walde erlebte, was sie auf ihrem Wege von und zur Schule sah, mußte den Mitschülerinnen und der Lehrerin mitgeteilt werden. Auch von dem Schwesterchen erzählte sie, von den Niepelschen Knaben, mit denen sie an jedem Mittwoch und Sonnabend aus der Schule heimfuhr. An diesen beiden Tagen wurde der Unterricht für die drei untersten Klassen um zwölf Uhr beendet, und dann stand auf dem Markt regelmäßig der Wagen mit dem weißen Pferdchen, der die Niepelschen Knaben und Pucki Sandler heimfahren sollte.

Diese gemeinsame Heimfahrt verlief stets recht anregend; es gab regelmäßig so viel zu erzählen, daß Pucki es stets bedauerte, wenn sie schon nach kurzer Zeit am Forsthause abgesetzt wurde.

Auch heute, um zwölf Uhr, würde der Wagen mit dem weißen Pferdchen wieder auf dem Marktplatze warten. Die Schulkameradinnen beneideten Pucki um dieses Vergnügen, und oftmals wollte eines der kleinen Mädchen mit einsteigen, wurde von dem Kutscher jedoch stets zurückgewiesen.

Seit einigen Tagen ließ man das Försterkind allein nach der Schule gehen. Der Weg war nicht gar zu weit, und die Mutter schärfte Pucki ein, daß sie stets, ohne zu zögern, die Straße entlang wandern sollte. Manchmal wurde Pucki noch ein Stück Weges vom Vater oder der Mutter begleitet, bis die ersten Häuser von Rahnsburg in Sicht kamen.

Hedi fühlte sich sehr stolz. Die anderen Kinder hatten es nicht so weit zur Schule wie sie. Sie wohnten in der Stadt; eines brauchte sogar nur um die Straßenecke zu gehen und war da. Mitunter verspätete Pucki sich auch. Da war ein Käferchen oder eine Schnecke, die über den Weg kroch, da sang ein Vöglein gar so wunderschön, daß die Kleine lauschen mußte, oder die Bäume rauschten mit den Wipfeln, und denen mußte sie freundlich zunicken. Die Lehrerin kannte Puckis Vorliebe für die Natur und ließ sich oftmals von dem kleinen Mädchen dessen kleine Walderlebnisse erzählen.

Heute war Pucki rechtzeitig in der Klasse erschienen. Fräulein Caspari war noch nicht anwesend. Pucki wurde stets von allen stürmisch begrüßt. Man erinnerte sich des schönen Nachmittags im Forsthause, der prächtigen Waffeln und der guten Milch und hoffte, daß sich diese Einladung bald wiederholen möchte. Pucki hätte es gern getan, aber die Mutti meinte, alle Kinder könnte sie nicht wieder einladen, Pucki dürfe jedoch hin und wieder zwei oder drei kleine Mädchen für den Nachmittag in das Forsthaus bitten.

Herzliche Zuneigung fühlte Pucki für ihre Nachbarin, die kleine, blasse Thusnelda Reichert. Manches Frühstücksbrot war mit ihr geteilt worden, und wenn Pucki einmal eine kleine Leckerei mitbekam, erhielt Thusnelda gewissenhaft die Hälfte davon.

„Du sollst wieder mal zu uns ins Forsthaus kommen“, sagte Pucki am heutigen Tage zu der Schulfreundin. „Du sollst dann wieder Milch und Waffeln haben.“

Die scheue Thusnelda schüttelte den Kopf.

„Doch, du sollst kommen!“

„Nein, ich kann nicht.“

„Warum kannst du denn nicht? Ich zeige dir den Weg.“

Wortlos streckte Thusnelda die Füße vor; Pucki blickte auf zwei recht zerrissene Schuhe.

„O je“, sagte Pucki, „die sind aber kaputt! Wenn's regnet, hast du nasse Füße und wirst krank. Du mußt andere Schuhe anziehen, die keine Löcher haben.“

„Ich habe keine anderen.“

„Ich hab' zu Hause noch ein Paar braune Schuhe und ein Paar weiße, und die hier habe ich auch."

„Ich habe gar keine anderen."

„Dann hol dir doch meine Schuhe."

Wieder schüttelte Thusnelda den Kopf. Um ihre Lippen zuckte es, dann kamen Tränen.

Pucki strich ihr liebevoll über die Backen. „Weinst du, weil du keine Schuhe hast?"

„Ja – –"

„Dann weine mal nicht, hier hast du meine Schuhe, dann bekommst du keine nassen Füße. Ich habe zu Hause noch sooo viele. Mutti zieht mir andere an."

Schon hatte das kleine Mädchen die Schuhe ausgezogen und stellte sie vor Thusnelda auf die Schulbank. Die anderen Kinder waren aufmerksam geworden und flüsterten miteinander. Als aber Thusnelda noch immer nicht nach den Schuhen griff, zerrte Pucki die Kleine aus der Bank heraus, löste ihr das zerrissene Schuhwerk von den Füßen und streifte ihr die braunen Sandalen über die Füße.

„Die kannst du jetzt immer behalten."

„Aber dann hast du ja keine Schuhe? Wie willst du denn bis ins Forsthaus kommen?" rief Georg Rabe.

„Heute brauche ich keine Schuhe, ich fahre mit dem Wagen, und zu Hause habe ich andere Schuhe."

In diesem Augenblick betrat Fräulein Caspari die Klasse. Sogleich nach der Begrüßung riefen ihr die Kinder zu, daß Pucki ihre Schuhe der Thusnelda geschenkt hätte. Da wurde das kleine Mädchen sehr erregt und sagte mit lauter, energischer Stimme:

„Olle Klatschliesen seid ihr! Mutti hat gesagt, wenn man was verschenkt, darf man nicht davon reden."

„Darfst du deine Schuhe verschenken, Pucki?“ fragte die Lehrerin.

„Ja – ich habe noch viele andere Schuhe!“

Thusnelda war während der Unterrichtsstunden sehr unaufmerksam. Sie betrachtete beglückt die hübschen Sandalen, die ihr nunmehr gehören sollten. Wie würde die Mutter sich freuen, wenn sie mit neuen Schuhen heimkam. Sie schrak zusammen, als sie die Stimme Fräulein Casparis hörte, die schon zum zweiten Male fragte:

„Nun, Thusnelda, weißt du mir nicht zu antworten?“

Thusnelda hatte die erste Frage überhaupt nicht gehört, sie wußte nicht, um was es sich handelte. Pucki flüsterte ihr zwar etwas ins Ohr, bekam deswegen aber einen Verweis.

„Wenn du flüstern kannst, Pucki, kannst du uns auch laut und deutlich erzählen, was du von den Tieren des Waldes weißt.“

„O ja – von denen weiß ich viel! Da ist zuerst das kleine weiße Pferdchen, mit dem ich heute wieder nach Hause fahre.“

„Das Pferd ist aber kein Tier des Waldes.“

„Ja, das Pferdchen ist immer im Walde, das Pferdchen hat ein weißes Fell, aber es gibt auch Pferde mit einem braunen und einem schwarzen Fell.“

Fräulein Caspari lächelte nachsichtig. „Nun gut, Pucki, so erzähle uns einmal eine Geschichte von dem weißen Pferdchen. Ihr anderen paßt gut auf, damit ihr mir morgen auch davon erzählen könnt.“

„Das weiße Pferdchen heißt Liese; es hat vier Beine und hinten einen Schwanz, mit dem es wackelt, wenn es sich freut oder wenn es von den Fliegen geärgert wird. Manchmal sind auch ganz große Fliegen da, die das Pferdchen stechen. Wenn Onkel Niepel der Liese ins Maul guckt, weiß er, wie alt sie ist. Das hat er mir gesagt. An den Hufen hat das Pferd Eisen. Ein weißes Pferd steht auch auf dem Karussell, auf dem ich geritten habe.“

„Fräulein, das ist aber nur von Holz!“

„Sei still, Hans, erst soll Pucki fertig erzählen.“

„Die Liese ist ein schönes Pferdchen, denn es bekommt viel Hafer. Die Liese ist viel älter als ich, denn sie war schon da, als ich noch ganz klein war. So, nun bin ich fertig."

„Das hast du recht nett gemacht, Pucki. Morgen werdet ihr mir auch noch einiges über die Pferde erzählen."

„Ich weiß noch viel mehr", rief einer der Knaben. Nun erzählte er von einem Pferd, das vor einen schweren Lastwagen gespannt war, und wie der grobe Kutscher das arme Tier mit einer Peitsche geschlagen hätte.

Pucki hob den Finger in die Höhe, und als sie zum Sprechen aufgefordert wurde, sagte sie:

„Fräulein Caspari, man darf das Pferd nicht mit der Peitsche hauen. Ein Pferd weiß alleine, ob es schnell oder langsam gehen soll."

Die Stunde verlief recht angeregt, denn über das Pferd wußte jedes Kind etwas zu sagen. So schnell wie heute war Pucki die Zeit des Unterrichts noch nie vergangen, und als es läutete, war sie erstaunt, daß sie schon wieder heimgehen durfte.

„Halt, Pucki", rief die Lehrerin, „willst du nun ohne Schuhe bis zum Marktplatz laufen?"

„O ja, ich laufe manchmal sogar ohne Strümpfe."

„Dann ziehe wenigstens die Strümpfe aus. Es ist heute warm, und du bist das Barfußgehen gewöhnt."

Pucki tat es und eilte überglücklich zum Marktplatze. Die drei Knaben waren noch nicht da, doch der Kutscher wartete bereits mit dem Wagen. Die Kleine ging von Schaufenster zu Schaufenster und betrachtete die Auslagen.

„Du – was steht denn hier geschrieben?"

Der gutmütige Kutscher gab bereitwillig Auskunft. Da wurden in der Apotheke die verschiedensten Mittel angepriesen; beim Bäcker wurde Reklame für ein neues Schrotbrot gemacht. Weiter ging es zur Tischlerei. Da hing ein großer weißer Zettel.

„Was hat denn der Mann geschrieben?"

„Hier wird das Wachsen von Möbeln übernommen."

„Was – – das Wachsen von Möbeln?"

„Ach, du Dummerlack! Der Tischler meint, die Möbel werden schön aufpoliert und mit Wachs bestrichen."

Lautes Lärmen auf dem Markte verkündete, daß auch die beiden anderen Schulklassen geschlossen worden waren. Die Kinder tobten die Straßen entlang. Paul und Fritz waren am Wagen und stiegen bereits ein.

„Wo bleibt denn der Walter", forschte Pucki.

„Der kommt auch gleich nach, der kann nicht so schnell laufen, er ist krank."

„Krank?" rief Pucki erschrocken, „was hat er denn? Ich werde ihn holen."

Doch da kam schon Walter. Er ging sehr langsam und hatte die eine Hand in die Seite gestützt.

„Was fehlt dir denn?" fragte der Kutscher.

„Mir tut es hier so weh", sagte der Knabe und zeigte auf die linke Seite.

„Bist wohl wieder toll herumgelaufen und hast Seitenstechen. Das wird gleich wieder vergehen."

Dann fuhr man ab. Pucki betrachtete Walter oftmals, der heute einen gar müden Eindruck machte.

Pucki streichelte die Wange des Freundes. „Hab mal keine Angst, Junge, deine Mutti kann dir schon helfen. Die kocht dir Kamillentee, und dann ist alles gut. Oh, warte noch ein bißchen. Du steigst am Forsthause ab, dann gibt dir meine Mutti eine Medizin. Die hilft, ich weiß schon, was dir gut tut."

„Kannst du ihm helfen?" fragte Fritz.

Pucki nickte mit dem Kopf. „Ja, ich helfe ihm."

„Er hat es gut“, seufzte Fritz, „ihm kannst du helfen, aber kannst du mir nicht auch helfen?“

„Was soll ich denn?“

„In der Schule war's heute sehr schlimm. Wir sollten etwas über ein Schiff erzählen, das hatte uns der Lehrer gezeigt. Und da war gerade ein Maikäfer, den hatte der Erich mitgebracht und auf der Bank herumkriechen lassen. Da haben wir nicht hingehört, was der Lehrer sagte. Und nun sollen wir was über das Schiff schreiben, und ich weiß doch nicht, was.“

„Über das Schiff, das beim Schmanzbauer in der Stube hängt?“

„Ich weiß nicht. Er hat uns auf einem Bilde ein Schiff gezeigt und davon erzählt.“

„Weißt du gar nichts mehr davon, Fritz?“

„Nein, gar nichts.“

„Na, dann schreibe über das Schiff vom Schmanzbauer.“

„Was soll ich denn schreiben?“

„Da mußt du mal hingehen. Dem Schmanzbauer sein Kind fährt immer auf einem Schiff. Der Schmanzbauer hat mir schon viel erzählt. – Du, ich weiß viel von dem Schiff.“

Paul horchte auf. Auch er hatte heute in der Stunde nicht aufgepaßt und wußte ebenso wenig über das Schiff zu sagen wie sein Bruder Fritz.

„Wenn du so viel weißt, Pucki“, meinte er, „dann erzähle uns was von dem Schiff.“

„O ja! – Das Schiff hängt beim Schmanzbauer an der Zimmerdecke. Auf einem Schiff können furchtbar viele Leute fahren. Es hat viele Plätze. Jedes Schiff hat einen Namen. Aber wie das Schiff vom Schmanzbauer heißt, weiß ich nicht, und sein Kind, das auf dem Schiff fährt, ist jetzt nicht da. – Wollen wir heute mal zum Schmanzbauer gehen?“

„Ich habe heute keine Zeit. Aber erzähle noch mehr von dem Schiff.“

„Die Leute, die kein Geld bezahlen und das Schiff bedienen, sind die Matrosen. Kleine Matrosen heißen Schiffsjungen. Die müssen viel klettern und das Schiff scheuern. Der Steuermann dreht an einem Rad das Schiff hin und her, damit es richtig fährt. Der Führer auf einem Schiff ist der Kapitän."

„Was du alles weißt!" staunte Fritz. „Wer hat dir denn das erzählt?"

„Der Schmanzbauer. Ich gehe gern zum Schmanzbauer. Nächstens gehe ich wieder hin, dann frage ich nach dem Schiff."

„Was du jetzt gesagt hast, schreibe ich auf", rief Paul. „Aber der Fritz darf es nicht aufschreiben."

„Nein, das schreibe ich auf!"

„Pucki", sagte Fritz, „ich will auch was schreiben."

Das Försterkind starrte einige Augenblicke nachdenklich zum Himmel empor, dann rief es freudig. „Oh, ich weiß noch mehr, das sage ich dir ins Ohr, dann hört es der Paul nicht."

„Der hat schon genug."

„Die Matrosen und der Kapitän müssen sehr gute Augen haben. Manchmal ist ganz dicker Nebel auf dem Wasser, daß sie nichts sehen können. Bei Nebel tuten die großen Schiffe mit einem Horn. Die Stricke oben am Schiff haben einen komischen Namen, den habe ich vergessen. Aber das frage ich den Schmanzbauer noch. Meistens haben die Matrosen eine Pfeife im Munde und rauchen daraus. Wenn das Schiff in den Hafen kommt, dann geht der Matrose nach Hause und freut sich. – Hast du nu genug?"

„Ach, Pucki, ich hab' dich schrecklich lieb, weil du immer einen guten Rat weißt. Du bist doch die Klügste von uns."

„Wenn mir noch was einfällt vom Schiff, sage ich es dir morgen früh, wenn ihr mit dem Wagen vorbeifahrt."

Walter hatte sich an der Unterhaltung wenig beteiligt. Er saß müde in der Wagenecke und fühlte sich gar nicht wohl.

„Na, na“, meinte der Kutscher, „ich glaube, du hast dich erkältet und mußt ins Bett, Walter.“

„Ja, fahr recht schnell“, rief Fritz.

Bald hielt der Wagen am Forsthause. Dort wurde Pucki abgesetzt. Diesmal winkte sie Walter besonders herzlich zu, denn sie hatte inniges Mitleid mit dem kranken Knaben. Dann eilte sie aufgeregt in die Küche, in der die Mutter beschäftigt war, und rief stürmisch:

„Mutti, da bin ich!“

Frau Sandler sah sofort Puckis bloße Füße.

„Was ist denn das wieder? Wo sind deine Schuhe und Strümpfe?“

„Die Schuhe hat die Thusnelda bekommen, die Strümpfe habe ich in die Mappe gesteckt.“

Eifrig erzählte Pucki von der armen Thusnelda, die in zerrissenen Schuhen umherlief.

„Ach, Mutti, sie hat sich sehr gefreut, nun kann sie heute nachmittag zu mir kommen, weil sie meine Schuhe hat.“

„Du hättest mich erst fragen müssen. – Du darfst die Sachen, die du trägst, nicht verschenken, ohne daß wir davon wissen. Wenn Thusnelda heute kommt, will ich ihr noch ein Kleidchen von dir heraussuchen.“

„Au fein, Mutti! Gestern hat uns Fräulein Caspari erzählt, daß es viele arme Kinder gibt, die gar nichts haben. In der großen Stadt mit den hohen Häusern sind noch viel mehr arme Kinder als in Rahnsburg. Und diese Kinder haben keinen grünen Wald, wie wir, – Mutti, das muß schlimm sein!“

„Gewiß, Pucki, es gibt viele Kinder, die noch niemals aus der Stadt herausgekommen sind, die niemals frische Waldluft geatmet haben. Sie sehen blaß und elend aus und sind oft krank.“

„Kann man sie nicht in den Wald schicken, damit sie nicht krank sind?“

„Es haben sich gutherzige Leute gefunden, die sich dieser Kinder annehmen. Dann wird Geld gegeben, damit die kränklichen Geschöpfe aufs Land oder in den Wald geschickt werden können. Alle Jahre fahren ganze Eisenbahnzüge mit Kindern aus den großen Städten hinaus."

„Alle in den Wald?"

„Nein, auch aufs Land oder an die See."

„Warum kommen denn in unseren Wald keine kranken Kinder?"

„Man hat gerade vor einigen Tagen an deine Mutti geschrieben, ob sie nicht auch ein Kind aufnehmen will. Auch bei den anderen Förstern und den Gutsbesitzern traf eine derartige Anfrage ein."

„Au, Mutti, dann lassen wir viele Kinder herkommen, ich gehe mit ihnen in den Wald, und du bäckst Waffeln."

„Vielleicht nimmt Mutti ein solches armes Kind in den großen Ferien auf. Doch das muß sie erst mit dem Vati besprechen."

Schon am nächsten Tage erzählte Pucki in der Schule von den armen Kindern, die gerne in den Wald und in die Försterei kommen möchten.

„Meine Mutti will auch so ein Kind haben."

„Das ist sehr nett von deinen Eltern, Pucki. Es wird dir viel Freude machen, einem kleinen Stadtmädchen den Wald zeigen zu können."

Von nun an fragte Pucki tagtäglich die Eltern, ob nicht bald ein Kind aus der großen Stadt in den Wald käme.

„Ich möchte gern mit dem Kindchen spazierengehen."

„Wenn du gern spazierengehen willst, Pucki, warum gehst du dann so selten mit Waltraut spazieren? Es wäre mir sehr lieb, wenn du dich mehr mit deinem Schwesterchen beschäftigen wolltest."

„Ihr könnt mich beide heute nachmittag in den Wald begleiten", sagte Förster Sandler. „Wir haben direkt an der Straße zu tun, und es ist ein schöner Tag. Da werdet ihr viel Freude haben."

Pucki war es zufrieden. Die kleine Schwester konnte zwar nicht so schnell laufen, wie sie es liebte, sie stolperte auch oftmals, aber mit den Holzarbeitern konnte man sich so schön etwas erzählen. Auch war es gar lustig anzusehen, wenn lauter viereckige Haufen aus zersägten Baumstämmen zusammengetragen wurden.

Obwohl Förster Sandler seinen Kindern streng befohlen hatte, in seiner Nähe zu bleiben, wanderte Pucki doch mit dem Schwesterchen ein wenig weiter. Es gab so viel zu zeigen. Waldi fürchtete sich zwar vor den großen schwarzen Käfern, die über den Weg krochen, doch Pucki meinte, das seien die lieben Mistkäfer, die einem nichts Böses täten.

Ganz plötzlich horchte sie auf. Drüben, auf der anderen Seite des Weges mußten auch Holzarbeiter sein. Beständig knackte und raschelte es.

„Komm, Waldi, wir wollen mal sehen, ob dort der Onkel Oberförster oder der Mann mit dem langen Bart ist."

Es war aber nur ein altes Mütterchen, das einen kleinen Handwagen voll Holz packte. Die alte Frau trug dürre Äste zusammen, von denen sie die kleinen Zweige abbrach.

Eine ganze Weile schaute Pucki diesem Tun zu. Es war dem Kinde nichts Neues, daß Holz zusammengetragen wurde, doch diese alte, kleine Frau schien große Mühe zu haben, den Wagen vollzuladen.

„Warum holst du dir denn keinen Mann, der das Holz aufpackt?"

„Ich habe keinen Mann. Ich bin ganz allein."

„Dann mußt du den Wagen auch allein nach Hause ziehen?"

„Ja."

„Kannst du das?"

„Es muß gehen, Kleine. Wenn nur mein Fuß besser würde. Er ist krank, mit ihm kann ich nicht gut auftreten. Da geht es eben sehr langsam."

Ein Weilchen überlegte Pucki, dann sagte sie freundlich: „Ich hab' einen Roller. Wenn du den kranken Fuß auf meinen Roller setzt, geht es viel schneller. – Soll ich dir meinen Roller holen?"

„Nein, du gutes Kind, der Roller kann mir nichts nützen. Ich werde schon heimkommen."

Wieder sah Pucki, wie die alte Frau bald hierhin, bald dorthin humpelte. Da packte sie mit zu und begann auch allerlei Zweiglein aufzulesen und auf den Wagen zu legen. Sogar Waltraut tat ein Gleiches. Es waren allerdings nur ganz kleine Ästchen, die sie herbeizutragen vermochte. Doch das alte Mütterchen schien sehr erfreut über diese Hilfe zu sein.

„Ihr seid zwei gute Kinder."

„Ich werde dir immer helfen. Kommst du oft in den Wald? Dort drüben, beim Vati, liegt so viel Holz. Komm mit, das holen wir jetzt!"

„Nein, nein, das dürfen wir nicht."

„Dann bringe ich dir was. Dort sind Männer, die tragen dir das Holz her."

Wieder wehrte die alte Frau ab und meinte, es sei genug. Sie wolle nun heimfahren. Aber es war schwer, den Wagen mit der Holzlast anzuziehen.

„Ich helfe dir ein bißchen", sagte Pucki gutmütig.

„Wenn du hinten ein wenig stoßen wolltest, mein Kind, dann geht es gewiß."

Wahrhaftig – es glückte. Pucki strahlte geradezu. Es machte ihr Freude, recht kräftig an das Wäglein zu stoßen, damit die alte Frau nicht so schwer zu ziehen brauchte. Da sie ein krankes Bein hatte, konnte sie leider nicht gut laufen. An das Schwesterchen dachte Pucki in ihrem Eifer nicht mehr. Sie schob und stieß an dem Wäglein nach Leibeskräften, bis der breite Waldweg erreicht war.

„Nun geht es schon allein, mein liebes Kind, ich danke dir herzlich."

„Nur noch ein ganz klein wenig, weil du doch ein böses Bein hast."

Plötzlich erblickte Pucki einen Herrn in grüner Uniform, der auf dem breiten Wege daher geschritten kam.

„Oh, hast du Glück“, sagte sie erfreut, „da kommt der Onkel Oberförster, der kann auch ein bißchen schieben helfen.“

Es war wirklich der Oberförster. Doch er machte kein freundliches Gesicht, er streckte gebieterisch die Hand aus und hielt den Wagen an.

„Ist heute Holztag?“

Die alte Frau machte ein erschrockenes Gesicht; Pucki dagegen streckte dem Onkel Oberförster freundlich das Händchen hin und sagte mit ihrer süßen, hellen Stimme:

„Sieh mal, Onkel Oberförster, ich bin schon ganz heiß. Stoß du auch mal an dem schweren Wagen.“

„Wissen Sie nicht, daß am Donnerstag kein Holz gesammelt werden darf?“

„Entschuldigen Sie nur, Herr Oberförster, aber ich habe zu Hause nichts mehr. Ich konnte gestern nicht in den Wald.“

„Ordnung muß sein, in Zukunft werde ich es nicht wieder dulden, daß Sie an verbotenen Tagen aus dem Walde Holz holen. Was sollte werden, wenn jeder die Vorschriften übertreten wollte.“

Oberförster Gregor war ein gutherziger Mann, aber er hielt streng auf Ordnung. Seine Stimme klang barsch, trotzdem meinte er es nicht schlimm.

Hedi Sandler hatte den guten Onkel Oberförster noch niemals so sprechen hören. Mit weit offenen Augen schaute sie zu ihm auf.

„Wenn doch die Frau gar kein Holz hat – sie hat nicht so viel wie der Vati.“

Die Alte wollte sich mit ihrem Wäglein schnell aus dem Staube machen.

„Merken Sie sich, daß am Montag und Donnerstag kein Holz aus dem Walde geholt werden darf", sagte der Oberförster. „Von rechts wegen müßte ich Ihnen das Holz eigentlich fortnehmen."

„Herr Oberförster", jammerte die Alte.

„Schon gut, fahren Sie los, aber kommen Sie nicht wieder am Montag oder am Donnerstag in den Wald!"

„Nein, nein, Herr Oberförster."

Puckis Herz klopfte stürmisch. War das der gute Onkel Oberförster, der sonst immer so vergnügt lachte? Einer armen Frau wollte er das Holz wegnehmen? So ein bißchen Holz, das im Walde herumlag, sollte die alte Mutter nicht behalten dürfen?

„Na, –" sagte Oberförster Gregor und schaute Pucki an, „was machst du denn allein im Walde? Bist wohl von daheim fortgelaufen?"

„Ich hab' auch Holz gesucht, ich habe der Frau geholfen, weil sie einen kranken Fuß hat. Die arme Frau hat so einen großen Schreck gekriegt, – weil du ihr das Holz wegnehmen wolltest. Die Mutti sagt, man darf niemandem etwas wegnehmen! Dabei hat sie doch ein schlimmes Bein."

„Kleine Pucki, das verstehst du nicht. Es ist eben verboten, am Montag oder Donnerstag im Walde Holz zu sammeln. An den anderen Tagen kann die Frau ruhig kommen."

„Weil sie doch gestern keine Zeit hatte und kein Holz holen konnte, ist sie heute in den Wald gegangen, weil sie friert und weil sie sich in der Küche kein Feuer anmachen kann. Wenn man friert, ist das sehr schlimm, das hat auch Thusnelda gesagt, und Fräulein Caspari sagt, man soll keine Leute hungern und frieren lassen." Unwillkürlich schluckte Pucki an den aufsteigenden Tränen. „Du läßt die arme Frau kein Holz holen. Nun ist sie vor Angst mit dem schlimmen Bein ganz schnell weggelaufen, und das Bein wird noch schlimmer. Aber ich hab' ihr geholfen, und wenn sie wiederkommt – – helf' ich ihr wieder."

Oberförster Gregor betrachtete sprachlos die kleine Anklägerin. So etwas war ihm noch nicht vorgekommen. Hedi schien ernstlich entrüstet darüber zu sein, daß er an gewissen Tagen das Holzsammeln nicht erlaubte. Dieses kleine, aufgeweckte Mädchen machte ihm unendlichen Spaß. So legte er die Stirn in Falten und sagte:

„Du hast mit Holz gesammelt? – Darfst du das? Am heutigen Tage ist es verboten. Du als Försterkind müßtest das wissen."

„Die alte Frau ist aber kein Försterkind, sie hat es nicht gewußt, und dann hat sie doch nur ein ganz klein wenig von der Erde aufgesammelt. Wenn die alte Frau zu mir gekommen wäre und zum Vati, der hätte ihr viel Holz gegeben."

„Morgen kann sie wiederkommen, nicht heute."

„Onkel Oberförster, in der großen Stadt mit den vielen Häusern sind so viele Kinder, die krank sind, weil sie keinen Wald haben und kein Holz holen können. Dann frieren sie. Und weil die alte Frau auch so gefroren hat, hat sie auch einen kranken Fuß bekommen. Ich habe einem kleinen Mädchen, das keine Schuhe hatte, meine Schuhe geschenkt, und Mutti hat ihr noch ein Kleidchen gegeben."

Es war dem Oberförster kaum möglich, Pucki zu beruhigen. Pucki machte ein gar finsteres Gesicht und sprudelte die Worte nur so heraus.

„Du meinst also, ich sollte allen Leuten, die frieren, Holz geben?"

„Ja, Onkel Oberförster, das sollst du."

„Dann würde der Wald bald keine Bäume mehr haben."

„Doch, der liebe Gott läßt immer wieder Bäume wachsen. Und Bäume wollen die Leute auch nicht haben, nur was von dem Holz, das der Wind 'runtergeworfen hat oder was der Vati abhacken läßt."

„Kleine Pucki, das alles verstehst du nicht. Aber ich will nicht, daß du den Onkel Oberförster für einen geizigen Mann hältst. In den nächsten Tagen kann dir dein Vati erzählen, daß der Onkel Oberförster den armen Leuten, die frieren, eine ordentliche Portion Holz schenken wird."

Pucki sah den Oberförster ein wenig mißtrauisch an, denn seine strengen Worte klangen ihr nach wie vor in den Ohren.

„Gibst du auch der Frau mit dem kranken Bein was?“

„Ja!“

„Und der Mutter von der Thusnelda?“

„Auch der. Ich will nicht, daß du mit mir böse bist. – Na, Pucki, wollen wir uns nun wieder vertragen?“

„Wenn du der alten Frau und der Thusnelda Holz schenkst, hab' ich dich wieder sehr lieb. – Ach, bitte, Onkel Oberförster, sei nicht mehr böse auf die alte Frau, sie hat sich so erschreckt.“

„Pucki, höre mal, wer schreit denn da so sehr?“

„O je – das ist die Waldi, die habe ich vergessen!“

Pucki machte kehrt, lief querfeldein durch den Wald der laut schreienden Kinderstimme nach und fand das Schwesterchen, das mehrfach über Wurzeln gefallen war und auch jetzt wieder am Boden lag.

Pucki erschrak. Sie hatte der Mutti versprochen, recht gut auf Waldi zu achten. Mit zärtlichen Worten tröstete sie die Kleine.

„Weine mal nicht, Waldi, der Onkel Oberförster schenkt der alten Frau viel Holz, dann freut sie sich. – Nu wollen wir uns beide auch freuen.“

Waltraut verstand zwar nicht, warum sie sich freuen sollte, doch ihre Tränen versiegten gar schnell. Dann kehrten beide Kinder zum Vater und zu den Holzfällern zurück.

„Vati“, sagte Pucki strahlend, „der Onkel Oberförster schenkt allen Leuten Holz. Ich war ganz böse mit ihm, weil er eine alte Frau ausgeschimpft hat.“

Förster Sandler war nicht gerade freudig überrascht, als er diese Worte hörte. Wahrscheinlich hatte Pucki wieder etwas angerichtet. Seine Sorge schwand allerdings bald wieder, denn schon eine Stunde später sprach der Oberförster ihn an.

„Aus Ihrer kleinen Tochter wird mal ein hilfreicher Mensch werden. Erst hilft sie einer alten Frau den Wagen mit Holz schieben, den sie mit voll gesammelt hat, dann zankt sie mich gründlich aus, weil ich ein Geizhals sei. Das habe ich mir hinter die Ohren geschrieben. Jetzt wollen wir mal eine größere Menge Armenholz verteilen lassen.“

Förster Sandler wollte das Verhalten seiner kleinen Tochter ein wenig entschuldigen, doch der Oberförster wehrte ab.

„Lassen Sie nur, lieber Sandler, Ihre Kleine hat das Herz auf dem rechten Fleck, von der wird noch mancher Erwachsene lernen können. Schelten Sie sie nicht, sie hat es gut gemeint.“

Ein Kuß und seine Folgen

Im Forsthausgarten saß Frau Niepel und unterhielt sich eifrig mit Frau Sandler.

„Haben Sie schon an die Volkswohlfahrt geschrieben wegen der Ferienkinder, die wir aufnehmen wollen?“

„Ich bin leider noch nicht dazu gekommen, Frau Niepel, will es aber heute noch tun. – Wollen Sie auch ein Mädchen während der großen Ferien aufnehmen?“

„Für uns wäre es wohl besser, wenn ein Knabe käme, aber mein Mann möchte durchaus ein Ferienmädel.“

„Ich nehme auch ein Mädchen.“

„Hat sich sonst in der Umgegend oder in Rahnsburg noch jemand gemeldet, der ein Großstadtkind aufnehmen möchte?“

Die Förstersfrau wurde ein wenig verlegen. „Ich hatte in letzter Zeit sehr viel zu tun und bin selten in die Stadt gekommen. Die Kollegenfrauen habe ich seit längerer Zeit nicht gesehen; vielleicht hätte man noch manches bedürftige Kind unterbringen können. Ich habe wohl etwas versäumt, doch heute will ich wegen der beiden Kinder schreiben, die wir aufnehmen wollen, denn der erste Juli steht vor der Tür, und die Volkswohlfahrt wird längst auf meine Antwort warten.“

„Ich will mich auch noch erkundigen; es wäre doch nett, wenn wir mehreren Kindern die Wohltat des Landaufenthaltes angedeihen lassen könnten."

„Wie geht es Ihrem Walter?"

„Es war eine tüchtige Erkältung. Nun ist er wieder aus dem Bett; es verlohnt sich kaum, ihn noch zur Schule zu schicken, denn in acht Tagen beginnen die Sommerferien."

„Ich hoffe, daß die Ferienkinder recht gekräftigt in die Großstadt zurückkehren werden. Die Kleine, die wir bekommen, wird hoffentlich kein allzu wildes und unartiges Kind sein. Unsere Pucki nimmt gar zu gern Unarten an."

Die beiden Frauen trennten sich. Frau Sandler, die den Brief an die Volkswohlfahrt nicht länger aufschieben wollte, ging sogleich in ihr Zimmer, um zu schreiben. Gar mancher andere Brief wartete auch noch auf Beantwortung; vor allen Dingen hatte die Großmutter schon zweimal angefragt, wie es im Forsthause stände. Heute mußte sie unbedingt auch an Frau Blake schreiben, damit sie sich nicht ängstigte.

Aber auch jetzt kam wieder etwas dazwischen, und erst am Nachmittag saß die Förstersfrau in der weinumrankten Veranda ihres Hauses und füllte Seite um Seite. Erst kam der Brief an die Mutter, dann folgte eine Bestellung nach der Stadt, und schließlich die Mitteilung an die Volkswohlfahrt, daß sie zwei Mädchen schicken möge, Mädchen im Alter von sechs bis acht Jahren, die die Sommerferien auf dem Lande oder in einer Försterei verbringen sollten.

Noch war Frau Sandler beim Schreiben, als Pucki und Waldi in die Veranda kamen.

„Mutti, wir möchten bei dir bleiben und spielen."

„Ihr müßt euch aber ruhig verhalten, denn Mutti hat Briefe zu schreiben."

„Was schreibst du denn, Mutti?"

„An die gute Großmama. Du kannst ihr nachher auch ein Küßchen schicken."

„Au ja, Mutti!"

Fast in jeden Brief, der an die Großmutter abging, zeichnete die Kleine ein Küßchen ein. Es war eine sorgsam gezirkelte Null oder ein Osterei, wie Fräulein Caspari sagte. Auf den Kreis wurden dann die Lippen gedrückt. So konnte die Großmutter sich das Küßchen wieder aus dem Briefe herausholen.

„Mutti, kann ich gleich ein Küßchen schreiben?"

„Nein, erst wenn die Mutti fertig ist."

Die beiden Kinder spielten miteinander, es dauerte jedoch nicht lange, da ging es wieder recht lebhaft zu. Waltraut stampfte mit den Füßen und Pucki schalt.

„Nein, das kriegst du nicht!"

Frau Sandler schaute vorwurfsvoll zu den Kindern hinüber.

„Streitet ihr euch schon wieder? Ihr braucht euch doch nicht immer zu zanken."

„Wir zanken uns doch gar nicht!"

„Warum schiltst du denn?"

„Weil die Waldi meine Puppe haben will, und meine Puppe kriegt sie nicht."

„Wenn ihr nicht artig seid, müßt ihr fortgehen. Mutti braucht Ruhe, denn sie hat noch einen Brief zu schreiben."

Die strengen Worte nützten. Die beiden Kinder verhielten sich längere Zeit sehr ruhig, bis Pucki endlich wieder an den Tisch trat und fragte:

„Kann ich nun der Großmutter ein Küßchen schicken?"

„Ja, Pucki, der Brief ist fertig, nur noch einen Augenblick."

Da klingelte im Zimmer das Telephon. Frau Sandler erhob sich, um an den Apparat zu gehen. Pucki stand noch immer am Tisch und betrachtete die darauf liegenden Briefe. Sie konnte Geschriebenes selbstverständlich noch nicht lesen, sie freute sich nur an den schönen vielen Krakeln, die die Mutti für die Großmama gemacht hatte.

„Jetzt schicke ich der Großmutti ein Küßchen!"

Den Federhalter nahm Pucki nicht, denn vor der Tinte hatte sie seit dem Unglück mit dem Lampenteller großen Respekt. Aber dort lag ein schöner, gelber Bleistift, und mit diesem zeichnete Pucki eine schöne Null mitten in die Krakeln der Mutti hinein. Die Großmutter würde schon wissen, daß das ein Kuß von Pucki war. Dann drückte die Kleine die Lippen in den Kreis und sagte herzlich:

„So, liebe Großmutter, hier hast du einen süßen Kuß von deiner Pucki."

Nun war auch diese Arbeit erledigt, draußen schien die Sonne herrlicher denn je. Pucki faßte Waldi bei der Hand, und dann liefen die Kinder aus der Veranda. Frau Sandler, die zurückkehrte, setzte noch rasch ihre Unterschrift unter den eben vollendeten Brief. Die Zeit drängte, der Postbote mußte jede Minute erscheinen, und der sollte die Briefe mitnehmen. Sie schob die Bogen in die fertigen Umschläge und warf sie in den im Hausflur befindlichen Briefkasten. Im Vorgarten liefen ihr die Kinder entgegen.

„Schickst du den Brief an die Großmutter?"

„Ja, Pucki. – Du sollst doch ein Küßchen mitsenden."

„Das habe ich auch gemacht, Mutti."

Frau Sandler ahnte nicht, was Pucki mit diesem Kuß für eine Verwirrung heraufbeschworen hatte. – –

Umgehend traf ein Brief des Wohlfahrtsamtes ein, das sich mit herzlichen Worten bedankte, daß Frau Förster Sandler Ferienkinder haben wollte. Man schrieb ihr, eine Aufseherin würde die Kinder begleiten und diese sogleich in das Forsthaus bringen, damit Frau Sandler von dort aus die Verteilung der Kinder vornehmen könnte. Sie würden am ersten Juli mit dem Mittagszuge in Rahnsburg eintreffen. Alles weitere überlasse man Frau Sandler.

Die Försterin benachrichtigte das Gutshaus, und Frau Niepel erklärte sich sogleich bereit, am ersten Juli zum Mittagszuge einen Wagen nach Rahnsburg zur Station zu schicken, um die Ferienkinder abzuholen.

„Ich setze bei Ihnen im Forsthaus eins der Mädchen ab; die Aufseherin wird gewiß sogleich wieder heimfahren. Auf diese Weise ist bereits am Nachmittag jedes Kind an Ort und Stelle."

Pucki war voller Erwartung auf das Stadtkind. Vater und Mutter erzählten, daß das Mädchen wahrscheinlich noch niemals einen so schönen Wald gesehen hätte, wie der, in dem Pucki lebte.

„Unser Ferienkind kommt aus einer großen Stadt, ist zwischen hohen Häusern aufgewachsen und hat gewiß nur einen engen Hof zum Spielen. Du mußt sehr nett zu ihm sein und darfst dich nicht mit ihm streiten."

„Wir werden sehr nett sein, Mutti, wir werden in den Wald gehen und der alten Frau Holz sammeln helfen, damit sie nicht zu frieren braucht. – Weißt du, Mutti, ich habe jeden Tag im Walde kleine Häufchen zusammengetragen, und wenn dann die Leute mit den Wagen kommen, finden sie es gleich und nehmen es mit."

Pucki unterbrach sich selbst in ihrer Erzählung, denn sie sah ihren neuen Freund, den großen Claus, daherkommen, der direkt auf das Forsthaus zugeschritten kam.

„Mutti, der große Claus kommt!"

Der älteste Sohn des Oberförsters war noch immer im Elternhause. Auf dem Gymnasium, das er besuchte, war kurz nach Pfingsten Scharlach ausgebrochen; verschiedene Klassen hatten geschlossen werden müssen. So gab es unfreiwillige Ferien, während derer die beiden Söhne des Oberförsters in der Oberförsterei weilten. Claus, der Älteste, schien eine große Vorliebe für Pucki Sandler zu haben. Er kehrte öfters im Forsthause ein und ließ sich von der Kleinen mancherlei erzählen. Das letzte Mal hatte sich das Försterkind sehr erregt über den Oberförster ausgesprochen, der einer alten Frau ein bißchen Holz habe fortnehmen wollen. Nun war Claus von seinem Vater abgesandt worden, um Pucki mitzuteilen, daß gestern an viele arme Leute klafterweise Holz abgegeben worden sei.

„Der Vater läßt dir sagen, Pucki, daß er allen armen Leuten Holz gibt."

„Auch der Frau mit dem kranken Bein?"

„Ja, auch der."

„Auch der Mutter von der Thusnelda?"

„Wahrscheinlich auch. Die armen Leute aus Rahnsburg sollten sich melden, und jeder, der sich gemeldet hat, bekommt eine Klafter."

„Das ist schön! Aber die Frau mit dem kranken Bein wird die Klafter doch nicht fortziehen können. – Du, großer Claus, wir gehen dann zusammen in den Wald, dann fahren wir der Frau das Holz nach Hause."

„Wir? –"

„Ja – du bist das Pferdchen, und ich schiebe hinten."

Der Primaner machte ein betretenes Gesicht. „Das ist nicht nötig, Pucki, der alten Frau helfen andere Leute, und für dich ist das viel zu schwer."

„Warum willst du denn nicht?"

„Jeder Mensch hat seine besondere Arbeit. Ich habe fleißig zu lernen, damit ich vorwärts komme. Mein Vater möchte doch, daß ich zu Ostern mein Abiturium mache."

Verständnislos schaute Pucki den großen Claus an, dann sagte sie lebhaft: „Und meine Mutti will, daß ich ihr zu Weihnachten ein Nadelbuch mache. Das wird gestickt, da muß ich mit der Nadel immer in die Löcher stechen."

„Ich will zu Ostern das Abiturium machen."

„Ach so – –"

„Dazu muß ich viel lernen. Das ist ein Examen, damit ist dann die Schulzeit zu Ende."

„Ach, dann wird der Paul auch lernen, um sein Habi–turum zu machen, der möchte auch gerne 'raus aus der Schule.“

Wieder lachte der große Claus vergnügt. „Der Paul hat noch lange Zeit. Aber wenn er weiter so träge ist wie bisher, macht er das Abiturium überhaupt nicht!“

„Du bist nicht träge, großer Claus?“

„Früher war ich es auch, doch allmählich habe ich eingesehen, daß es gut ist, wenn man viel lernt.“

„Weißt du, großer Claus, wir bekommen ein kleines Mädchen ins Forsthaus – das kleine Mädchen ist noch nie in einem Walde gewesen. Du mußt recht oft kommen, dann kannst du auch mit dem kleinen Mädchen im Walde spazieren gehen. – Wann kommst du denn wieder?“

„Nun sind auch bald für dich Ferien, ich werde mich dann öfters im Forsthause sehen lasten, dann laufen wir zusammen durch den Wald.“

„Ach ja, das wird aber schön sein! Dann gehen wir auch zum Schmanzbauern und dem Schiff.“

„Und auch mal zur Oberförsterei.“

Pucki überlegte. „Ja“, sagte sie schließlich, „zur Oberförsterei gehen wir auch, weil der Onkel Oberförster der Frau mit dem bösen Fuß Holz schenkt.“

„Auch meine Mutter hat dich sehr gern, Pucki.“

„Ja, großer Claus, ich komme mal hin. Du mußt mich holen, dann gehen wir immerzu durch den Wald.“

„Wirst du nicht lieber mit den Niepelschen Knaben spazieren gehen?“

„Nein, mit dir gehe ich am liebsten. Du gefällst mir.“ –

Endlich war es in der Schule so weit, daß Fräulein Caspari den Kindern sagen konnte: Heute ist der letzte Schultag.

Pucki freute sich aufrichtig darüber. Obwohl sie in der Schule ganz aufmerksam war und auch gern hinging, fand sie es doch noch viel schöner, den ganzen Tag über daheim bleiben zu können. Vor allem erfreute sie die Aussicht, mit dem großen Claus im Walde umhergehen zu dürfen. Er konnte so schön erzählen, sprach von kranken Bäumen und zeigte ihr hier und da eine Beule, die ein Baum hatte. Auch die Vöglein wußte er mit Namen zu nennen, und die Stimmen vieler Vögel konnte er gut nachahmen. Claus sprach aber auch von der Stadt, in der er lebte und lernte. Alles wurde von Pucki mit dem größten Interesse aufgenommen. –

Als Pucki am heutigen Tage mit den beiden Niepelschen Knaben heimfuhr, trieb Paul vor Freude allerlei Unfug. Der Kutscher mußte den übermütigen Knaben oftmals zurechtweisen, um ihn zur Ruhe zu bringen.

„Den Ranzen schmeiße ich in die Ecke, dort mag er während der Ferien liegen bleiben. Ich hab's satt! – Fünf Wochen brauche ich nichts zu lernen!“

„Wirst schon zu Ostern sitzenbleiben“, sagte der Kutscher.

„Wenn du den lieben Gott recht schön bittest, läßt er dich nicht sitzenbleiben.“

„Er wird schon sitzenbleiben“, sagte Fritz. „Der liebe Gott hört nicht immer auf das, was man gerne haben möchte.“

„Doch! Der liebe Gott hört immer darauf.“

Fritz schüttelte den Kopf.

„Morgen kommt das kleine Mädel aus der Stadt, na, die werde ich ärgern!“

„Nein, Paul, das darfst du nicht, das ist ein Mädchen, das noch keinen Wald gesehen hat und ganz arm ist und ohne Freude im Herzen. Du kannst die anderen ärgern, aber nicht das kleine Mädchen. Ich darf es auch nicht.“

„Ich mach's aber doch!“

Der Kutscher erhob die Peitsche und drohte dem Paul. „Dein Vater wird schon aufpassen. Morgen hole ich die Kinder ab." – –

Der erste Juli kam heran. Pucki war voller Erwartung. Sie dachte es sich wunderschön, mit dem großen Claus und dem Stadtmädchen in den Wald zu laufen. Frau Sandler, die anfangs ihren Schützling hatte abholen wollen, war im letzten Augenblick verhindert. Es genügte aber auch, wenn Frau Niepel nach Rahnsburg fuhr und Pucki mitnahm. Vor dem Forsthause würde der Wagen halten, und Pucki und das Ferienkind absetzen.

Pünktlich traf der Wagen ein: Pucki stieg ein, dann ging es nach Rahnsburg zum Bahnhofe.

Sehr artig und brav spazierte das Försterkind neben Frau Niepel auf dem Bahnsteig auf und ab. Endlich fuhr der Zug fauchend und dampfend in die Halle.

„Werden wir das Mädchen auch finden, Tante Niepel?"

Es stiegen anfangs nur wenige Reisende aus, dann aber sah man aus einem Wagen ein junges Mädchen herausspringen. Es trug eine weiße Haube.

Ein Kind nach dem anderen stieg aus, und bald umstanden zwanzig kleine Mädchen die Führerin, die suchend umherblickte.

„Schau, Pucki", sagte Frau Niepel, „eines von diesen zwanzig Kindern wird es sein. Ein kleines Mädchen für dich, ein anderes für mich. Wir wollen fragen."

Das junge Mädchen mit dem weißen Häubchen gab die gewünschte Auskunft. Es bringe herzliche Grüße von der Volkswohlfahrt; sie sei Frau Sandler sehr dankbar, daß sie gleich zwanzig Kinder aufnehmen wolle.

„Zwanzig Kinder?"

„Jawohl, ich bringe den Transport nach Rahnsburg. Hier sind die Kleinen. Sie haben wohl die Güte, gemeinsam mit mir die weitere Unterbringung zu übernehmen."

„Zwanzig Kinder?“

„Frau Sandler schrieb, daß sie zwanzig Mädchen haben möchte, die zum Teil auf das Gut, zum Teil ins Forsthaus kommen sollten.“

Frau Niepel stand ratlos da. Bisher hatte Frau Sandler immer nur von zwei Kindern gesprochen. Was sollte man mit den vielen Kindern beginnen? Oder hatte Frau Sandler sich im letzten Augenblick noch in Rahnsburg und den umliegenden Forsthäusern bemüht, die Kleinen unterzubringen, wie das von der Organisation anfänglich gewünscht worden war?

„Es ist wohl das beste, die Kleinen marschieren nach dem Forsthause Birkenhain. Es ist nicht weit, kaum eine Viertelstunde. Frau Sandler soll dann selbst die Anordnungen treffen, denn ich bin nicht im Bilde.“

„Tante Niepel, kriegen wir nu alle die Kinder?“

„Nein, Pucki.“

„Ich habe den Brief bei mir“, sagte die Führerin. „Wenn Sie sich überzeugen wollen, daß zwanzig Kinder gewünscht wurden –“

Die Gutsbesitzerin nahm den Brief, den Frau Sandler geschrieben hatte. – Richtig, hier stand, und zwar dick unterstrichen, daß *zwei* Mädchen gewünscht wurden. Doch hinter der deutlichen Zwei sah man eine mit Bleistift gemalte Null, so daß kein Zweifel bestand, daß zwanzig Kinder erwartet wurden.

„Es ist das beste, wir machen uns auf den Weg, liebes Fräulein. Die Kleinen sind gewiß nicht böse, wenn sie nach dem langen Sitzen im Abteil ein Stück durch unseren schönen Wald laufen dürfen. Im Forsthause wird sich alles klären.“

„Tante Niepel, ich glaube, die vielen Kinder kommen nu doch alle zu uns! Ach, wo sollen die denn schlafen? Ach, wird das ein Ulk werden!“

Pucki ahnte nicht, daß sie schuld war an diesem Irrtum. Sie hatte geglaubt, daß sie der Großmutter ein Küßchen schicke und hatte den Kuß auf den falschen Briefbogen gemalt, hatte die Null unmittelbar hinter die „2“ geschrieben, ohne zu wissen, was daraus entstand.

Frau Niepel ließ den Wagen mit den kleinen Koffern der Kinder hinterherfahren. Sie ging neben der Begleiterin. Pucki dagegen beäugte die kleinen Mädchen. Keines gefiel ihr so recht, die Kinder sahen recht blaß aus und hatten trübe Augen. Endlich tippte sie ein schmächtig aussehendes Mädchen mit dem Fingerchen an und sagte:

„Trinkst du gern Milch? Du kannst auch immer meinen Milchreis haben; dir schenke ich ihn gern.“

Doch die Angeredete hatte nicht den Mut, auf diese Frage zu antworten. Die kleine Schar war überhaupt sehr schweigsam.

Frau Sandler stand wartend an der Gartenpforte und blickte mit Staunen den Näherkommenden entgegen. – Was wollten die vielen fremden Kinder hier? Diese blassen, dürftig ernährten Großstadtmädchen, die wohl zu den Ärmsten der Armen gehörten?

„Hier bringe ich Ihnen zwanzig Kinder, Frau Sandler“, rief Frau Niepel ihr entgegen.

Abermals wurde der Brief hervorgeholt. Da wurde es Frau Sandler klar, daß Puckis Kuß an die Großmama alles das verschuldet hatte.

„Lieber Gott, was machen wir nun?“

„Mutti, Mutti“, jubelte Hedi, „ein Kindchen sollte kommen, nun sind es so viele geworden! Mutti, na, da muß die Minna gleich Waffeln backen.“

Frau Sandler war ratlos. Die Führerin wollte mit dem Abendzuge wieder abreisen. Die Kinder konnten unmöglich in dem Forsthause und ebenso wenig in dem Gutshause untergebracht werden. Jetzt galt es zu handeln.

Der Reihe nach wurden die Forsthäuser telephonisch angerufen. Aber auch in Rahnsburg fragte man bei zahlreichen Familien an, ob sie nicht wenigstens für die nächsten Tage ein oder zwei erholungsbedürftige Stadtkinder aufnehmen wollten.

„Sehen Sie, liebe Frau Niepel", sagte Frau Sandler schuldbewußt, „das ist die Strafe für meine Nachlässigkeit. Damals bat man mich, zu versuchen, einige arme Kinder unterzubringen. Ich habe es verabsäumt. Nun sind mir durch einen unglücklichen Zufall zwanzig Kinder zugeschickt worden."

„Vier Kinder will ich abnehmen, und der Förster in Lindengrund hat auch zugesagt, dann sind da der Apotheker, der Arzt, der Gutsbesitzer Gehm und der Spediteur Runge. Ich denke, bis zum Abend hat sich alles geklärt."

Sechzehn Kinder blieben zunächst im Forsthause. Dort gab es für alle Milch und Butterbrote. – Ganz plötzlich sprang Pucki, die zwischen ihnen saß, auf.

„Großer Claus – großer Claus, sieh mal, wieviel Kinder wir bekommen haben. Wir hatten noch mehr, die hat Tante Niepel mitgenommen."

Als Frau Sandler den Primaner erblickte, beschloß sie, ihm ihre Not zu schildern. Die Oberförsterei war groß, und Oberförster Gregor und seine Frau waren gutherzige Leute.

Der große Claus lachte auf und rief die Eltern durch das Telephon an.

„Für den Augenblick wäre Abhilfe geschaffen", sagte er. „Mutter ist bereit, ein Dutzend Kinder für einige Tage in der Oberförsterei aufzunehmen. Einige sind ja bereits untergebracht. Wir werden das schon zurecht bekommen. Wenn es Ihnen recht ist, laufe ich hinüber nach Rahnsburg, ich bin dort nicht unbekannt. Ich werde mir schon für einige Kinder eine Unterkunft erfechten. Ich komme bald wieder zurück, dann gehe ich mit dem Rest zur Oberförsterei."

Während man dort Vorbereitungen traf, die unerwarteten kleinen Gäste unterzubringen, ging Claus Gregor zu bekannten Familien in Rahnsburg. Überall erzählte er lachend von dem Kuß, den Pucki der Großmutter hatte schicken wollen, und der an die falsche Adresse gekommen war. Überall, wo man das hörte, stimmte man in sein Lachen ein.

„Es ist eben Försters Pucki!"

„Auf dem Tun der Kleinen liegt sichtbar Gottes Segen“, sagte die Pastorin. „Durch den Kuß ist für zwanzig Großstadtkinder gesorgt worden, die sonst wahrscheinlich nicht hinaus aufs Land gekommen wären. Selbstverständlich nehme ich zwei Kinder auf.“

Claus Gregor kehrte in das Forsthaus mit dem Bescheid zurück, daß er acht weitere Kinder in Rahnsburg untergebracht hätte. Von drei Forsthäusern waren inzwischen ebenfalls Zusagen eingegangen. So konnte Claus nur noch mit fünf kleinen Mädchen abmarschieren.

„Die laß nur ruhig hier“, meinte Pucki und wies auf eines der Kinder, „die muß erst rote Backen bekommen. Die anderen kannst du mitnehmen. – Wie heißt du denn?“

„Rose“, klang es scheu zurück.

Pucki lachte. „Du bist doch keine Rose! Eine Rose ist schön rot oder weiß oder gelb. – Na warte mal, ich geh' mit dir in den Wald, du trinkst Milch, und dann wirst du dick und rund.“

Als die Leiterin des Transportes zur Bahn gehen mußte, waren die zwanzig Kinder ordnungsgemäß untergebracht.

Rose sieht viel Neues

Pucki Sandler und Rose Scheele standen sich in den ersten Tagen ihres Zusammenseins vollkommen fremd gegenüber. Pucki, die stets die herrliche Natur um sich gehabt hatte, die im Walde herangewachsen war, begriff es nicht, daß ein Mädchen noch nie einen Wald durchstreift, noch nie Kühe und Schweine gesehen hatte. Hunderte von Fragen stellte sie an die anfangs recht scheue Rose, und alles das, was ihr erzählt wurde, erschien dem Stadtkind höchst sonderbar. Oft lief Pucki zur Mutter, um ihr zu erzählen:

„Mutti, denke doch, die Rose hat noch keinen Schweinestall gesehen, immer nur auf Bildern. – Mutti, die Rose hat niemals in solche Ställe geguckt!“

„Rose kommt aus einer großen Stadt, in der es keine Schweineställe gibt; Rose wird dich noch manches fragen, wird gar vieles anstaunen. Wenn du einmal in die große Stadt kommst, Pucki, wird dir auch gar vieles fremd erscheinen."

„Sie will nicht mit mir in den Wald kommen, Mutti, sie fürchtet sich, wenn die Bäume rauschen. Sie sagt, es gibt im Walde schlimme Menschen, die einem was tun wollen. – In der Stadt gibt es viele schlimme Menschen. Mutti, ist das wahr?"

„Rose braucht sich in unserem Walde nicht zu fürchten, besonders dann nicht, wenn ihr in der Nähe des Forsthauses bleibt. Du sollst auch nicht zu tief in den Wald hineingehen."

„Aber zur Oberförsterei und zum Schmanzbauer dürfen wir doch gehen."

„Nur in Begleitung des Vaters, oder wenn ich mitkomme."

„Oder mit dem großen Claus?"

„Auch dann dürft ihr gehen. – Hast du daran gedacht, Pucki, daß in zwei Tagen die alte Mutter des Schmanzbauern neunzig Jahre alt wird? Du wolltest der guten alten Frau doch etwas schenken."

„Ach, Mutti, so 'ne alte Frau! Ja, in zwei Tagen gehe ich zu der alten Mutter. – Weißt du, ich flechte ihr aus den bunten Streifen eine kleine Decke, dann freut sie sich. Oder kann sie nicht mehr sehen, weil sie so trübe Augen hat?"

„Die kleine Decke wird sie sicherlich noch sehen können."

„Was schenkt ihr denn Rose?"

„Rose kann nicht viel schenken, sie ist zudem fremd hier und war noch nie auf der Schmanz. Wenn Rose ein paar Blümchen pflückt und sie der Großmutter bringt, genügt das vollauf."

„Dann werde ich ihr lieber die Blümchen pflücken, und die Rose kann die Decke flechten."

„Du kleiner Faulpelz! Ich glaube schon, daß die alte Schmanzbäuerin sich sehr über dein Geschenk freuen würde. Geh nur hurtig an die Arbeit. Rose kann auch ein solches kleines Deckchen flechten, es wird ihr gewiß Spaß machen."

Schon eine Stunde später saßen die beiden Kinder über die Flechtarbeit gebeugt. Rose Scheele zeigte sich viel anstelliger als Pucki; sie war daher viel eher fertig. Da schob Pucki ihr die eigene Arbeit zu und sagte:

„Du freust dich doch, wenn du flechten kannst, nun flechte mal weiter, und nachher gehen wir zur Kuh."

„Ach nein, wir wollen nicht zur Kuh gehen."

Pucki lachte belustigt. „Die Kuh tut uns gar nichts, die gibt uns nur gute Milch. Bekommst du zu Hause auch Milch von der Kuh?"

„Nein."

„Bekommst du gar keine Milch?"

„Doch, vom Milchmann."

„Aber der Milchmann holt sie doch von der Kuh! Ach, du bist zu ulkig! Nicht mal Waldi fürchtet sich vor der Kuh, und Waldi ist doch viel kleiner als du."

Die Schwester, die im Nebenzimmer spielte, hörte ihren Namen und kam herbeigelaufen. Als sie die beiden bunten Flechtarbeiten sah, griff sie mit ungeschickten Händen danach.

„Läßt du das liegen."

„Waldi will das haben."

„Nein, nicht! – Hast du auch solche ungezogene Schwester zu Hause, Rose?"

„Noch viele."

„O je, ich habe an der einen genug! – Du sollst das liegenlassen, Waldi, das ist für die ganz alte Schmanzbäuerin. – So, und nun gehen wir zur Kuh!"

„Waldi will das haben!"

„Du", sagte Pucki und schaute die kleine Schwester böse an, „wenn du nicht artig bist, werfe ich dich auf die Wiese. Doch nun komm, Rose, jetzt gehen wir."

Zögernd betrat Rose den Kuhstall. Als aber die Kuh ein freudiges Brüllen hören ließ, lief Rose rasch wieder aus dem Stall hinaus. Sie fürchtete sich vor dem großen Tier mit den Hörnern.

„Hahaha", lachte Pucki. „Da mußt du erst mal zu Onkel Niepel kommen, der hat einen großen Stall mit vielen Kühen und mit Pferdchen. Aber ich habe auch vor den Pferdchen keine Angst."

Dann liefen die beiden Kinder zurück in den Garten und hinaus in den Wald.

„Sieh mal", sagte Pucki und wies auf die vielen Blaubeersträucher, die umherstanden, „das sind Blaubeeren, die dürfen wir später pflücken und essen."

„Blaubeeren kenne ich", sagte Rosel mit leuchtenden Augen, „die esse ich gern. Kann ich welche haben?"

„Nein. Grünes Obst dürfen wir nicht essen, sonst werden wir krank. Wenn die Blaubeeren grün sind, müssen wir noch warten."

„Die sind aber rot."

„Ja", meinte Pucki, „wenn sie rot sind, dann sind sie eben noch grün. Erst wenn sie blau sind, sind sie nicht mehr grün."

Rosel schien diese Weisheit nicht recht zu begreifen. Sie pflückte einige der unreifen Beeren ab und erhielt dafür von Pucki einen Klaps auf die Hand.

„Das darfst du nicht, der Wald gehört dem Onkel Oberförster, na, der kann böse werden, wenn man ihm was wegnimmt. Aber wenn die Beeren reif sind, dürfen wir nehmen, so viele wir wollen, dann sagt er nichts. Du mußt eben noch warten."

Als Rose vor einem großen schwarzen Käfer laut aufschrie, begann Pucki herzlich zu lachen.

„Ach, solch niedliches Tierchen!“

Wie staunte Rose darüber, daß Pucki alle Bäume kannte, wenn sie ihr erklärte, das sei eine Eiche, das eine Fichte, eine Esche oder eine Lärche. Und zudem wußte sie alle Blumen zu benennen: Männertreu, Salomonsiegel, Waldanemone und so weiter.

„Darf man die pflücken, oder ist der Oberförster dann auch böse?“

„Man darf sie pflücken, aber nicht die Beinchen mit ausreißen. Sich mal, so macht man es.“

Sehr vorsichtig pflückte Pucki einige Blüten ab. „Daheim müssen wir sie in Wasser stellen, weil sie Durst haben. Und wenn sie jeden Tag frisches Wasser bekommen, lachen sie uns mit ihren Blumenaugen noch lange an und sagen: Dankeschön, daß ich zu dir in die Stube kommen durfte, denn hier ist es sehr hübsch.“

Alles das, was das kleine Försterkind sagte, war für Rose etwas vollkommen neues. Daß Blumen lachen und danken konnten, daß die Vögel durch ihr Gezwitscher den Menschen Botschaft zukommen ließen, hatte Rose noch niemals vernommen.

„Paß nur auf, was sie sagen. Wenn wir jetzt wieder nach Hause, kommen, werfe ich ihnen Krümchen hin, und gleich kommt ein großer Haufen an. Dann sagen die anderen: Piep, piep, gib mehr! Dann muß ich rasch gehen und noch viel mehr Krümchen holen, sonst sind sie mir böse.“

Das Füttern der Vögel bereitete Rose großes Vergnügen. Manches Tierchen hatte sie noch niemals gesehen, und aufgeregt fragte sie stets die Förstersfrau, was das für ein Vogel wäre, der einen leuchtend gelben Schnabel hätte und so komisch umherhüpfte.

„Eine Amsel, mein Kind.“

„Und der, vorne mit dem roten Latz?“

„Das ist ein Rotkehlchen. Du kannst es leicht an seinen zierlichen Bewegungen und an dem wippenden Schwanze erkennen. Wenn du abends einen gar süßen Gesang hörst, so weißt du, daß es fast immer das Rotkehlchen ist, denn es läßt seine Lieder bis zum späten Abend hören."

So öffnete sich vor Roses Augen eine ganz neue Welt. Das Stadtkind aus dem Arbeiterviertel, das nichts vom Waldvogelgezwitscher wußte, konnte nicht genug staunen. Es war glücklich, wenn es im Garten sitzen, dem Gesang der Vögel lauschen oder ihnen Futter streuen konnte. Ach, wie herrlich alles hier war! Nur der eine Gedanke schmerzte, daß es mit allem, was sie hier sah, erlebte und genoß, bald wieder zu Ende sein würde.

„Mutti, sie ist gar zu ulkig, sie kann immerzu sitzen und gucken."

„Laß sie ruhig sitzen, Pucki, Rose freut sich an der herrlichen Gotteswelt, die sie in ihrer ganzen Schönheit bisher nicht erblickt hat. Sei glücklich, daß du in einer so gesunden und schönen Gegend aufwachsen darfst."

„Darum kriege ich auch kein Scharlach, wie die Freunde vom großen Claus."

„Kleines Dummerchen! – Du wirst langsam erkennen, daß du es viel besser hast als alle die Kinder, die vor wenigen Tagen hierherkamen. Du hast immer dein gutes Essen, dein schönes Bettchen, den grünen Wald; das haben die anderen Kinder nicht. Jeden Tag siehst du, wie es Rose schmeckt, wie sie sich erfreut an den Tisch setzt."

„Ja, Mutti, und wenn du ihr früh noch ein Butterbrot gibst, dann ißt sie es nicht auf."

„So, – was macht sie damit?"

„Das verwahrt sie."

„Wo verwahrt sie es denn?"

„Im Schrank, Mutti. Da hat sie schon eine ganze Menge."

Mach dieser Mitteilung hielt Frau Sandler es für angezeigt, einen Blick in den Schrank des kleinen Mädchens zu werfen. – Tatsächlich fand sie darin eine Anzahl belegter Brote, sorgsam übereinandergelegt. Um alle war ein Stück Papier geschlagen.

Die Förstersfrau ging in den Garten hinaus, wo Rose spielte.

„Sage mal, mein liebes Kind, wozu legst du die Butterbrote, die ich dir gebe, in den Schrank? Wenn du satt bist und die Brote nicht essen kannst, brauchst du es nur zu sagen."

Rose senkte errötend den Kopf.

„Es ist doch schade, wenn das Brot dort verdirbt", meinte die Förstersfrau, „ich habe alles herausgenommen. In Zukunft darfst du keine Brote mehr in dem Schrank verwahren."

Die Kinderaugen füllten sich mit Tränen. „Ich habe mich so gefreut."

„Worüber, mein Kind?"

„Ich war doch schon satt, da wollte ich die Brote mit nach Hause nehmen. So schöne Brote haben sie dort nicht."

„Aber Rose, du kannst doch die Brote nicht wochenlang verwahren, sie werden steinhart, und niemand kann sie mehr essen."

„Wir essen immer hartes Brot."

„Nein, Rose, die einzelnen Brotscheiben kann man nicht so lange aufbewahren. Und im Kleiderschrank darf man Eßwaren auch nicht aufheben. Ich gebe dir Wurst und Butter mit, wenn du heimfährst. Nun weine nicht, du hast es gewiß sehr gut gemeint, aber es wäre zwecklos, das Brot so lange Zeit zu verwahren."

Wieder gab es für Pucki etwas zu staunen. Daß Rose Brot verwahrte, um es den Geschwistern mitzubringen, weil sie daheim nicht genügend zu essen hatten – das wollte nicht in ihr kleines Köpfchen hineingehen. Die Mutti hatte immer viel Brot, und auch bei Tante Niepel lagen stets große Brote in der Küche. Sie atmete schwer, als die Mutter ihr erzählte, daß es gar viele Menschen gäbe, denen das Brot fehle.

„Mutti, wollen wir dann nicht immer ein bißchen mehr kaufen und es den Leuten geben, die nichts haben?“

„Das überlasse den Erwachsenen, mein Kind. Jedenfalls wollte ich dir sagen, daß man mit dem Brot achtsam und sparsam umgehen muß, weil – –“

„Ich weiß schon, Mutti, weil es eine liebe Gottesgabe ist.“ –

* * *

Der Schmanzbauer Gottlieb Teck besaß eine bescheidene Landwirtschaft, mitten im Walde. Die „Schmanz“ war etwa eine halbe Stunde vom Forsthause Birkenhain entfernt. Ganz einsam lag das kleine Haus mit dem schmucken roten Ziegeldach. Schon der Großvater des Gottlieb Teck war in diesem Hause geboren, der Besitz erbte sich vom Vater auf den Sohn fort.

Der Schmanzbauer galt als ein seltsamer Mann, der keinen Umgang suchte und ganz für sich lebte. Seine beiden Söhne hatten sich ihre Berufe erwählt. Der Älteste fuhr zur See, der zweite hatte das Schlosserhandwerk erlernt. Michael, der Seefahrer, kam hin und wieder in das Elternhaus, und bei dieser Gelegenheit hatte Pucki den wettergebräunten Mann kennengelernt. Nun war Michael lange wieder fort.

Beim Schmanzbauer und dessen Frau lebte noch seine alte Mutter, die neunzigjährige Frau Teck. Bis in ihr hohes Alter war sie tätig gewesen, ein Bild unermüdlichen Fleißes und rastlosen Eifers. Nun ging es mit ihr bergab. Weder die Füße noch die Augen wollten mehr mitmachen, und Großmutter Teck war gezwungen, in der Stube zu sitzen. Nur stricken konnte sie noch, daher regten sich die alten Hände auch jetzt unermüdlich. Der Schmanzbauer und seine beiden Söhne brauchten sich über fehlendes Wollzeug nicht zu beklagen.

Die einzigen Besucher, die gelegentlich zur Schmanz kamen, waren die Försterleute Sandler. Hin und wieder statteten auch Niepels dem brummigen Alten, der ständig eine kurze Pfeife im Munde hatte, einen Besuch ab, doch der Schmanzbauer taute stets nur ein wenig auf, wenn

Sandlers kamen. Sonst war er meistens stumm. Für Pucki hatte er jedoch stets ein freundliches Wort. Die Kleine mit ihrem hellen Kopf war ihm ans Herz gewachsen. Auch Pucki liebte den Schmanzbauer, der zwar recht brummig aussah, ihr jedoch noch nie ein böses Wort gesagt hatte.

Pucki freute sich daher auf den Besuch am heutigen Tage.

„Dort ist nicht nur Wald, Rose, dort wächst auch Getreide, und eine grüne Wiese ist ebenfalls da. Vielleicht sehen wir auch ein Reh, wenn wir durch den Wald gehen."

Man machte sich auf den Weg. Sogar Förster Sandler begleitete heute die Seinen. Waltraut, die Zweijährige, blieb bei Minna daheim, während Pucki und Rose vergnügt neben den Försterleuten einherschritten.

„Wird die Schmanzgroßmutter sich über die Decke freuen!" sagte Pucki und packte die kleine Flechtarbeit immer wieder aus, um sie genügend bewundern zu können. „Die alte Frau hat ganz verschrumpelte Haut, Rose, sie sieht nicht mehr schön aus."

„Aber sie ist eine gar fleißige Frau", sagte Förster Sandler mahnend. „Ich wäre stolz, wenn meine Pucki in ihrem Leben halb so viel arbeiten würde wie die gute Großmutter Teck."

„Werd' ich schon machen, Vati! Pucki hat doch so 'ne schöne Decke gearbeitet."

Rose sah auf ihre leeren Hände. Die von ihr gefertigte Decke war das Eigentum der Frau Sandler geworden, denn Rose hatte das Bedürfnis gehabt, der guten Tante, die ihr so viel Freude bereitete, etwas zu schenken.

„Soll ich der alten Großmutter Blümchen pflücken?"

„Tu das, mein Kind", erwiderte Frau Sandler, „sie wird sich darüber freuen."

„Aber ich schenke ihr doch was Schöneres, Mutti? Eine Handarbeit, hast du mal gesagt, macht dir immer die meiste Freude."

„Die alte Frau wird sich auch über die Blümchen freuen, Pucki."

„Na, dann wollen wir mal sehen, worüber sie sich mehr freut. Ich glaube doch, sie freut sich über die Decke am meisten.“

Nach einer halbstündigen Wanderung kam das schmucke Häuschen in Sicht. Erst hatte man noch an einigen Feldern entlang zu gehen, auf denen das Korn hin und her wogte. Blaue und rote Blumen waren zwischen den Halmen sichtbar.

Mit einem Freudenruf eilte Rose darauf zu. Oh, wie leicht würde es sein, aus allem was es hier gab, einen schönen Strauß zusammenzufügen.

Eine Ähre ragte hoch über die andern hinweg. Unwillkürlich blieb Roses Blick an ihr haften. Die sollte das Allererste sein, was sie für ihren Strauß haben wollte. Schon streckte sie die Hand danach aus.

„Halt, halt! Nicht so stürmisch, Kind.“ Frau Sandler hielt sie zurück, „du darfst keine von den Ähren abreißen.“

„Ach ...“ Rose wurde dunkelrot, ohne eigentlich zu wissen warum.

Die Försterin strich ihr lächelnd über das Haar. „Ein Kornfeld, mein Kind, ist etwas Heiliges, an dem niemand sich vergreifen darf.“

Mit großen Augen blickte Rose auf die sich im Winde wiegenden Ähren hin.

„Daß ein Kornfeld einmal so aussehen könnte, habe ich nicht gewußt. Wir machten im Frühling einmal eine Wanderung mit unserem Lehrer, und dabei kamen wir an ein Feld, das wir für eine Wiese hielten, denn es sah aus, als wüchse Gras darauf. Er aber sagte, das sei ein Kornfeld, und nun ... und nun ...“

„Ganz recht. Wenn die Saat aufgegangen ist, sehen die Hälmchen zuerst nicht viel anders aus als Gras. Dann aber werden sie höher und immer höher, bekommen Ähren und blühen ...“

„Und dann sind sie das liebe Brot“, fiel Pucki altklug ein.

Die Mutter lächelte. „Nun, das nicht. Aber die Ähren enthalten schließlich Körner, und wenn das Getreide gereift, geerntet und ausgedroschen ist, kommen die Körner zur Mühle. Aus ihnen entsteht das

Mehl, und aus diesem wird dann das Brot gemacht. Alle Halme, die du hier siehst, Rose, gehören dem Schmanzbauern. Wollte jeder Vorübergehende sich an den Ähren vergreifen, sie abpflücken oder die Halme gar niedertreten, würde er um den Lohn seiner Arbeit gebracht und müßte schließlich womöglich verhungern."

„Darf ich auch die schönen Blumen nicht pflücken?" fragte das Kind schüchtern.

„Oh, doch, Kornblumen und den roten Mohn darfst du pflücken. Doch nur das, was du vom Wege aus erreichen kannst. Aber sehr vorsichtig mußt du sein, damit du keinen Halm knickst."

„Und wie heißen diese hohen Halme?" fragte Rose schüchtern.

„Ach, ihr armen Stadtkinder", lachte der Förster, „wie vieles euch doch fremd bleibt von dem, was es in der schönen freien Gotteswelt gibt. Das ist Roggen, kleines Mädchen. Schau, dort drüben steht auch Getreide. Aber das ist Weizen, und von dem kommt das feine weiße Mehl für Brötchen und Kuchen, und dort hinten ..."

„Oh – oh – oh!"

„Was ist denn los!"

„Der Osterhase!" rief Rose und schlug vor Verwunderung die Hände zusammen.

Nun lachte Pucki laut auf. „Hast du gehört, Vati? Das soll der Osterhase sein, jetzt, wo wir im Sommer sind. – Der Osterhase! Das ist doch bloß ein ganz gewöhnlicher Hase! Ein Meister Lampe! Hahaha!"

Pucki konnte sich kaum wieder beruhigen.

„Du brauchst gar nicht so zu lachen. Wenn du einmal in die Stadt kommst, nennst du am Ende auch einmal dies oder das mit falschem Namen. Und dann kann Rose dich auslachen. Sie hat eben noch keinen lebenden Hasen gesehen."

Endlich war das Haus des Schmanzbauern erreicht.

Erfreut begrüßte die Bäuerin die Ankommenden.

„Wie wird sich die Mutter freuen, so lieben Besuch zu bekommen."

„Ich bringe ihr auch was mit, Tante Teck."

„Wer ist denn das da?"

„Ein kleines Mädchen, das wir uns aus der großen Stadt geholt haben."

„Sie ist aber viel größer als du, Pucki. Sei uns herzlich willkommen, Kind. Nun rasch ins Haus, ich habe es mir schon gedacht, daß ihr heute kommen würdet. Großmutter hat dafür gesorgt, daß ihr einen schönen Rosinenkuchen bekommt."

Im Zimmer am Fenster saß der Schmanzbauer.

Wortkarg, wie immer, begrüßte er die Gäste und auch Rose, die ein wenig verlegen ihren Feldblumenstrauß in den Händen hin und her drehte. Er hielt es aber nicht für nötig, während der Begrüßung die Pfeife aus dem Munde zu nehmen.

Die Mutti näherte sich indessen der Großmutter und wünschte ihr das Allerbeste zu ihrem neunzigsten Geburtstage.

Aber schon kam auch Pucki herbeigelaufen.

„Großmutter, du alte Großmutter, ich habe was Schönes für dich gemacht. Sieh mal her, eine ganz bunte Decke. Die wird dir wohl gefallen. Und ich wünsche dir, daß du immer so schön alt bleibst und recht warm hinter dem Ofen sitzt. Und wenn ich wiederkomme, dann bäckst du wieder 'nen großen Kuchen mit Rosinen. – Freut dich die Decke, alte Großmutter?"

„Freilich, freilich, du gutes Kind", erwiderte die alte Frau mit zitternder Stimme.

„Kannst du mit deinen Augen noch ein bißchen sehen, wie sie ist?"

„O ja – was für eine schöne Decke, die du mir gestickt hast."

„Aber Großmutter, die ist doch geflochten."

„Richtig, richtig, sie ist geflochten. So eine schöne Decke."

„Nun gib auch die Blümchen, Rose“, mahnte Frau Sandler, „und sage der guten Großmutter deinen Glückwunsch.“

Schüchtern reichte Rose die Blumen hin. „Ich wünsche dir alles Gute, alte Frau.“

„Alte Großmutter, was freut dich denn mehr, meine Decke oder die Blumen?“

„Beides freut mich herzlich.“

Pucki war's zufrieden. Sie empfand süße Genugtuung darüber, daß ihre Handarbeit den Beifall der alten Frau fand, und darum schmeckte ihr der Rosinenkuchen ausgezeichnet. Rose war recht schüchtern, denn der Schmanzbauer mit seinem finsteren Gesicht flößte ihr Furcht ein. Sie war daher zufrieden, daß sie, nachdem man Kaffee getrunken hatte, wieder zur alten Großmutter ans Fenster gehen konnte, um ihr die Wolle zu entwirren.

Pucki dagegen ließ sich von dem Schmanzbauern in die Ställe mitnehmen. Sie interessierte sich für die Pferde, die so hübsch gescheckt waren.

Heute war es ganz besonders schön im Pferdestall. Da stand neben dem großen Pferd ein kleines, niedliches Pferdchen. Das war für Pucki etwas ganz Neues.

„Schenkste mir das Pferdchen?“

„Ach was, Pucki, das ist erst heute nacht angekommen und kann noch nicht recht auf den Beinen stehen.“

„Fällt es um, wenn ich es antippe?“

„Ja – –“

„Na, dann ist es wie bei der Mucki, als sie noch ganz klein war. Da habe ich sie auch immer so'n bißchen angetippt, und dann lag sie auf der Nase. – Ob es dem Pferdchen weh tut, wenn ich es antippe? Ich möchte mal sehen, wenn es umfällt.“

„Du, das tut ihm sehr weh, wenn du es antippst!“

Pucki streichelte ohne jede Scheu dem großen Pferde den Kopf. „Aber wenn das kleine Pferdchen erst größer ist und auf den Beinen ganz fest steht, dann darf ich doch darauf reiten."

„Das darfst du."

„Und nun müssen wir die Rose holen, damit auch sie das niedliche kleine Pferdchen sieht."

„Laß mal", sagte der Bauer mürrisch, „es braucht nicht jeder in den Stall zu laufen, ich mag das nicht."

„Wenigstens mal reingucken darf sie doch." Und schon war Pucki fortgeeilt, um Rose zu holen.

Rose saß bei der Großmutter, hatte ein dickes Buch auf den Knien und las der alten Frau vor. Es ging zwar noch nicht gut, aber immerhin vermochte die Achtjährige doch schon zusammenhängend zu lesen. Hin und wieder mischte sich freilich ein Fehler ein.

Pucki blieb an der Tür stehen und schaute die Großmutter an. Der Strumpf, an dem sie gestrickt hatte, lag ihr im Schoße, die runzeligen Hände waren gefaltet. Wie das Gesicht der Großmutter glänzte, so, als habe sie eine große Freude!

Unentwegt las Rose weiter. Endlich hatte sie geendet. Die Lippen der alten Frau bewegten sich, dann sagte sie mit zitternder Stimme:

„Das war schön – ach, was habe ich für einen schönen Geburtstag gehabt, du liebes, kleines Mädchen. Daß du mir Blumen gebracht hast, war gewiß sehr lieb, aber daß du mir die frommen Sprüche vorgelesen hast, das ist ein noch viel schöneres Geschenk als alle Blumen. Eine so große Freude hat die alte Großmutter lange nicht mehr gehabt."

„Freut es dich wirklich?" fragte Rose glücklich.

„Die Tochter hat keine Zeit, mir die liebe Heilige Schrift vorzulesen, und ich höre es doch so gern, ach, so gern. – Ja, das ist heute ein schöner Geburtstag! Der liebe Gott möge es dir lohnen, denn du hast mir das Beste geschenkt, was man überhaupt geschenkt bekommen kann."

Noch immer stand Pucki regungslos an der Tür. Sie konnte sich nicht sattsehen an der Großmutter. Als ob ihr Gesicht voller Sonne wäre, so sah es aus. Und daneben Rose, und auch deren Augen leuchteten wundersam.

„Soll ich weiterlesen, Großmutter? Ich tu' es gern."

„Ja, du liebes Kind, lies noch ein wenig. Dich hat der liebe Gott zu mir geschickt. Gerade heute hatte ich sehr großes Verlangen nach einem frommen Spruch. – Nun lies."

Auf den Zehenspitzen kam Pucki näher. Dann setzte sie sich zu Füßen der alten Großmutter nieder und sah sie immerfort an.

„Ein so schönes Geburtstagsgeschenk", murmelte die Alte von Zeit zu Zeit immer wieder. „Wie gnädig ist doch der liebe Gott."

Pucki warf einen verstohlenen Blick auf ihre geflochtene Decke, die drüben auf dem Tischchen lag. Die Großmutter hatte sich darüber gefreut, doch ihr Gesicht hatte nicht so geleuchtet wie jetzt. Pucki erkannte daran, daß Rose der alten Frau etwas viel Schöneres geschenkt hatte als sie.

Als Rose mit dem Lesen zu Ende war, tasteten Puckis Fingerchen sich zu den verarbeiteten Händen der Alten hin.

„Großmutter – freust du dich immer so, wenn man dir was vorliest?"

„Ja, mein gutes Kind, es war gar zu schön."

„Großmutter – –", flüsterte Pucki ihr ins Ohr, so leise, daß es kein anderer hören konnte, „ich habe in der Schule nicht gern lesen lernen wollen, es ist so schwer, wenn's dich aber so freut, dann lerne ich es doch. Wenn die Rosel dann wieder fort ist, komme ich immer zu dir und lese dir das dicke Buch von vorne bis hinten vor, damit du dich tüchtig freuen kannst."

„Du gutes, liebes Mädchen! Doch die Großmutter wird es wohl nicht mehr erleben, die Großmutter ist schon alt, sie wird bald sterben."

„Nein, Großmutter, noch nicht, erst will ich dir das Buch vorlesen. Paß auf, ich lerne jetzt sehr fleißig."

Auf dem Heimwege hing Pucki sich in der Mutter Arm. „Mutti, jetzt will ich tüchtig lesen lernen, die Großmutter sah so glücklich aus. Ich habe sie immerfort angesehen. Sie hat sich mächtig gefreut. – Denke mal, Mutti, sie hat sich sogar über das Vorlesen noch viel mehr gefreut als über meine Decke. – Wenn sie wieder Geburtstag hat, lese ich ihr das dicke Buch vor. Sie soll sich auch über mich freuen."

Der Ausflug zur Waggerburg

Beim heutigen Mittagessen verkündete Förster Sandler den Kindern, daß Onkel Niepel am nächsten Sonntage mit allen kleinen Mädchen, die in der Oberförsterei und im Gutshause wohnten, einen Ausflug nach der Ruine Waggerburg machen wolle. Mit einem Leiterwagen, den man auf dem Gute prächtig ausschmücken würde, sollte die Fahrt nach der etwa zwei Stunden entfernt liegenden alten Burg unternommen werden. Erst bei Dunkelheit würde dann der Heimweg angetreten werden. Jedes Kind sollte außerdem einen Lampion erhalten.

Die Worte Sandlers riefen stürmische Freude hervor. Ein Ausflug, obendrein auf einem geschmückten Leiterwagen, und abends gar noch Lampions – alles das erschien Pucki wie etwas ganz Wunderbares.

„Vati, fahren wir sehr weit?"

„Ja, bis zur Waggerburg! Das ist eine Ruine, die auf einem kleinen Berge steht."

„Was ist denn eine Ruine?"

„Eine alte Burg aus dem Mittelalter, die im Laufe der Zeit zerfallen ist."

„Wohnt dort jemand?"

„Nein, Pucki, auf der Waggerburg wohnt schon lange niemand mehr."

„Hat mal einer dort gewohnt?"

„Freilich, vor vielen, vielen Jahren lebten auf solchen Burgen Ritter und Grafen; manche von ihnen waren schlimme Gesellen, sie nahmen den

Leuten, die die Straße daherkamen, alles fort. Auch von dem Ritter, der auf der Waggerburg lebte, erzählt man, daß er ein gefürchteter Raubritter gewesen sei."

„Ein Raubritter? – Vati, was ist denn das?"

„Du weißt doch, was ein Raubtier ist, Pucki?"

„Ja, Vati, ein Tier, das in der Nacht und manchmal auch am Tage auf Raub ausgeht."

„Sehr richtig, Pucki. Und ein Raubritter ist ein Mann, der auch auf Raub ausgeht."

„Dann kann ich ihn nicht leiden, Vati."

„In früheren Zeiten gab es solche Raubritter, jetzt aber nicht mehr. Man erzählt sich nur noch allerlei Geschichten von ihnen und von ihren Burgen. Fast jede alte Burg hat eine Sage."

„Dürfen wir in die Burg hineingehen?"

„Freilich, aber es gibt da nicht viel mehr zu sehen als alte Mauerreste."

Nun hockten die beiden Mädchen beständig zusammen und erzählten einander von der weiten Reise im Leiterwagen. Rose war voller Erwartung. Sie konnte sich einen derartigen Ausflug überhaupt nicht vorstellen.

„Mein Bruder steigt auf die elektrische Bahn, wenn er wegfährt, und ich bin mit der Eisenbahn gefahren. Aber mit einem Leiterwagen bin ich noch nie gefahren. – Es wird gewiß sehr schön sein."

Gegen Ende der Woche kam Fritz Niepel ins Forsthaus, der ebenfalls sehr aufgeregt von dem Sonntagsausflug erzählte.

„Mit vielem Grün putzen wir den Leiterwagen aus, und die Mutter backt einen Napfkuchen, so groß wie ein Wagenrad. Draußen im Walde deckt sie dann den Kaffeetisch, und Tassen nehmen wir mit und viel Schlagsahne. – Und ich nehme auch was mit, das sage ich aber keinem, ganz was Feines!"

„Was nimmst du denn mit, Fritz?"

„Ihr müßt auch was mitbringen. Ich habe gehört, daß meine Mutter zu Tante Oberförster gesagt hat: Jeder bringt etwas mit."

„Was soll ich denn mitbringen?"

„Ich werde dir was sagen, aber du darfst es nicht verraten. Gestern war ich in Rahnsburg, ich habe eine ganze Tasse voll Sirup gekauft, die nehme ich mit. Aber keiner darf es wissen. – Ach, werden sich alle freuen, wenn sie lecken dürfen."

„Ach, was bringe ich nur mit? – Rose, was nehmen wir mit nach der Burg?"

Fritz war längst wieder daheim, aber noch immer berieten die beiden Kinder, womit sie die Ausflügler überraschen könnten. – Schließlich wurde Minna ins Vertrauen gezogen. Sie sollte ihnen etwas aus der Speisekammer geben, wodurch man allen, die am Sonntag mit in den Wald kämen, eine Freude machen könnte.

„Ich will es mir überlegen", sagte Minna, und dann teilte sie Frau Sandler den Wunsch der beiden Mädchen mit. Die Försterin stiftete eine Flasche Himbeersaft.

„Unterhalb der Ruine ist eine Quelle, vielleicht ist es gut, wenn die Kinder Himbeersaft zum Trinken haben."

„Werden die Kinder die Flasche unterwegs auch nicht zerschlagen?"

„O nein, Pucki wird schon achtgeben."

Die Kinder umarmten Minna abwechselnd, als sie ihnen die Flasche mit Himbeersaft aushändigte.

„Du mußt sie noch aufmachen, Minna."

„Nein, nein, die laßt nur hübsch zu. Einen Korkenzieher bringt die Mutti mit."

„O nein", sagte Pucki geheimnisvoll. „Mutti darf nichts davon wissen. Dann nehmen wir den Korkenzieher mit."

„Meinetwegen, ihr bekommt die Flasche ja doch nicht auf."

Die Flasche mit Himbeersaft wurde von Pucki am Sonnabend abends mit ins Bett genommen, damit sie ja nicht verloren ginge.

„Ätsch“, sagte sie abends zu der kleinen Schwester, „warum bist du noch so klein. Nun darfst du noch nicht mit zu der Ritterburg. Als ich so klein war wie du, durfte ich auch nicht mit. – Siehst du, warum bist du so klein!“ –

Der Sonntag war voller Sonnenschein. Seit dem frühen Morgen fragten die Kinder, ob man denn nicht bald abführe.

„Haltet Ruhe, ihr Kinder“, schalt der Förster, der schon nervös geworden war, da die beiden Mädchen unablässig die gleiche Frage stellten. „Der Wagen fährt um zwölf Uhr dreißig Minuten von dem Niepelschen Gute ab. Ihr werdet kurz nach eins abgeholt, eher nicht.“

Pucki stand vor der Uhr und sagte seufzend: „Kannst du dich nicht ein bißchen schneller drehen, alte Uhr?“

Das Mittagessen wurde heute schon um halb zwölf Uhr eingenommen. Die Kinder vermochten vor lauter Aufregung kaum etwas zu genießen. Roses Augen glänzten wie im Fieber. Sie konnte sich einen solchen Ausflug nicht verstellen. Was würde sie heute Seltsames und Wunderbares erleben!

Die Flasche mit dem Himbeersaft wurde von Pucki wie ein Schatz gehütet. Sie wußte, daß die Mutti an jedem Morgen beim Aufräumen der Zimmer half. Wenn sie die Flasche sah, war die Überraschung vorbei. Darum trug Pucki die kostbare Flasche sogleich nach dem Aufstehen in den Hühnerstall und schob sie ins Stroh.

Von Zeit zu Zeit lief sie in den Stall, um nachzusehen, ob keiner die Flasche entfernt hätte.

„Jetzt wollen wir die Sachen, die wir mitnehmen, einpacken“, sagte die Mutter.

„Nimmst du auch was mit, Mutti?“

„Selbstverständlich, wir sind doch beinahe zwanzig Personen.“

„Oh, ich habe auch – – nein, nein, Mutti, ich verrate nichts."

Frau Sandler lächelte still vor sich hin. Sie wußte ja genau, was ihr Töchterchen für den heutigen Ausflug mitnahm, doch sie wollte ihr die Freude an dem Geheimnis nicht verderben.

Die Kinder umstanden die Mutter, die in einen großen Henkelkorb allerlei einpackte. Ein Tischtuch wurde auch hineingetan.

„Wir decken auf dem Waldboden unseren Tisch und setzen uns daran."

„Wir setzen uns auf Baumstümpfe, Mutti."

„Mitten im Walde?" forschte Rose. „Ach, das wird herrlich!"

Endlich war es so weit. Draußen stand der Kastenwagen mit dem weißen Pferdchen. Pucki und Rose kletterten, ehe die Mutter kam, hinauf und riefen abwechselnd nach der noch beschäftigten Försterin.

„Mutti, komm doch schnell, sonst fährt der Leiterwagen weg! – Mutti, Mutti, so komm doch!"

„Wo hast du denn die Flasche?" fragte Rose.

„Oh – –!"

Pucki sprang vom Wagen und lag im nächsten Augenblick der Länge nach auf der Nase. Aber tapfer verbiß sie den Schmerz. Sie hatte sich die Nase ein wenig aufgeschlagen. Einige Blutstropfen wurden sichtbar.

Im Haus begegnete ihr die Mutter.

„Was ist denn geschehen? Das ist ja ein netter Anfang, Pucki. Komm schnell, ich will dir das Gesicht abwaschen!"

„Nein, nein, sonst fährt der Leiterwagen weg!"

„Er wartet, bis wir da sind. Also komm, zuerst das Gesicht abwaschen!"

Und so geschah es.

„So, Pucki, nun geh hinaus und steige in den Wagen, ich bin fertig."

Aber Pucki lief davon, hin zum Hühnerstall, übersah in ihrer Eile die Schwelle und lag erneut auf der Erde. Das Kleidchen wies einige bedenkliche Flecke auf, denn wo Hühner sind, ist es nicht überall sauber.

Voller Schreck sah Pucki auf das beschmutzte Röckchen.

„Nun fährt der Leiterwagen bestimmt weg!"

Die Flasche wurde hervorgezogen, dann ging es in schnellem Lauf zurück durch das Haus und hin zum Wagen. Glücklicherweise war die Mutti noch nicht da.

„Ich hab' inzwischen deinen Schulranzen geholt", sagte Rose, die auch vom Wagen gestiegen war. „Wir stecken die Flasche hinein, dann sieht sie keiner."

Rose hielt Pucki die geöffnete Büchermappe hin, in der noch die Tafel und das Lesebuch steckten. Sorgsam legten die Kinder die Flasche hinein.

„Du bist ja voller Schmutz, Pucki."

„Ich zieh' die Decke 'rauf."

In dem kleinen Wagen lag stets eine Decke, die Pucki bis an den Hals hinaufzog. Die hilfsbereite Rose hockte sich neben sie und hielt die Decke mit fest. Frau Sandler wunderte sich über die Kinder, die so steif dasaßen, ließ sie jedoch gewähren.

Nun ging es los. Bald war das Niepelsche Gut erreicht. Vor dem Hause stand der große Leiterwagen, über und über mit frischem Grün geschmückt. Sogar die beiden Pferde, die vor den Wagen gespannt waren, hatten am Geschirr grüne Büschel.

„Fahren wir mit dem Wagen?" fragte Rose, und ihre Stimme zitterte vor Aufregung.

Die Ankommenden wurden von den bereits anwesenden Kindern mit lautem Hallo empfangen. Sie schwenkten die Lampions, die sie an langen Stöcken trugen. Gutsbesitzer Niepel hatte die Lampions gestiftet, und auch für Pucki und Rose waren solche bereit.

„Kind, wie siehst du denn aus?“ rief Frau Sandler entsetzt, als sie ihr Töchterchen sah. „So schmutzig willst du nach der Ruine fahren?“

„Lassen Sie sie nur“, sagte Herr Niepel lachend. „Wenn die Kinder wieder heimkommen, werden sie alle so aussehen. Ich kenne das. Auf einem Ausfluge erlebt man mancherlei.“

Pucki wurde, so gut es ging, gesäubert, dann hieß es einsteigen, zumal auch aus der Oberförsterei der Wagen mit der Oberförsterin und den fünf Mädchen eingetroffen war.

„Kommt der große Claus nicht mit?“ fragte Pucki ein wenig enttäuscht.

„Der Onkel kommt mit den beiden Jungen später nach.“

„Na, dann ist's gut.“

„Jetzt einsteigen“, rief Niepel. „Hallo, nicht alle auf einmal, immer hübsch einer nach dem anderen. – Paul, willst du die Bretter wohl in Ruhe lassen! Setz dich hin – nicht ins Stroh! – Dora, was machst du denn wieder für Dummheiten! – Grete, geh von den Pferden weg.“

Gutsbesitzer Niepel schien zehn Augen im Kopfe zu haben; die sechzehn Kinder quirlten durcheinander, schrien und lärmten und sprangen vor Freude wieder vom Wagen herunter, bis lautes Weinen vernehmbar wurde.

„Er hat meinen Lampion entzwei gemacht!“

„Ich habe noch andere mit“, beruhigte Frau Niepel. „Weine nicht, steige lieber ein.“

Auf dem Wagen gab es noch eine kleine Balgerei, weil die Paula durchaus neben der Erna und Grete neben Marie sitzen wollte. Fritz zerrte einfach ein kleines Mädchen, das neben Pucki saß, von dem Sitz herunter. Es fiel ins Stroh und begann zu weinen. Die drei mitfühlenden Mütter hatten Mühe, Ordnung auf dem Leiterwagen zu schaffen. Fräulein Irma, das Kinderfräulein, machte ein verzweifeltes Gesicht, denn Lenchen rief nach ihrem Lampion, der schon wieder auf der Erde lag. Olga hatte ihren Mantel im Flur liegen lassen, und was Paul anbetraf, so stellte es sich heraus, daß er kein Taschentuch bei sich hatte. Als Fräulein Irma wohl zwölfmal vom Wagen gestiegen war, um immer wieder etwas zu holen, schlug der Gutsbesitzer energisch in die Hände.

„Jetzt aber Ruhe! – Wer noch schreit oder lärmt, darf nicht mitfahren. Die Pferde ziehen nicht eher an, als bis Ruhe herrscht."

„Das glaube ich nicht", flüsterte Pucki Fritz ins Ohr, „die Pferde laufen auch, wenn wir Lärm machen."

Endlich war es still geworden. Unter dem Gesang eines lustigen Liedes setzte der Leiterwagen sich in Bewegung.

„Siehst du, Onkel", rief Pucki mit lauter Stimme, „die Pferdchen laufen doch!" Abschied nehmend winkte sie dem lieben Onkel Niepel zu, der sich die Schweißtropfen von der Stirn wischte und froh war, daß die Geschichte endlich in Gang gekommen war.

Man fuhr durch den herrlichen grünen Wald. Ohrenbetäubender Lärm herrschte auf dem Leiterwagen, denn sechzehn Kinder redeten gleichzeitig. Sie hatten viel zu bewundern und zu fragen. Mitunter war es geradezu rührend, die Freude der Kleinen, denen ein solcher Ausflug etwas vollkommen Ungewohntes war, anzusehen. Am schönsten aber erschien es allen, wenn der Wagen recht schüttelte. Dann rutschten die Kinder wie auf Kommando von ihren Sitzen herab und lagen im dicken Stroh, das Gutsbesitzer Niepel vorsorglich hatte in den Wagen legen lassen.

„Wenn wir doch nie an die Ruine kämen. Es ist zu schön im Wagen!" meinte Rose.

„An der Ruine ist es gewiß noch viel schöner", sagte Pucki.

„Warst du schon mal da?" fragte eines der Mädchen.

„Nein, aber ich weiß, daß dort ein ganz kaputtes Haus steht. Und darin hat mal ein Raubritter gewohnt, der hat den Leuten alles weggenommen."

„Vielleicht kommt er", schrie Paul, „und trinkt uns den Kaffee aus. Ein Ritter hat immer Durst."

„Der Raubritter ist doch schon lange tot“, belehrte Pucki ihn. „Das war vor vielen Jahren, und seine Ruine ist ganz kaputt. Da ist nur noch eine Mauer, in der kann man nicht wohnen.“

„Wer sagt das?“ fragte Fritz.

„Vati hat es gesagt. Der Raubritter kann uns nichts tun.“

„Na, der soll nur kommen“, prahlte Paul. „Ich habe ein Messer in der Tasche. An dem Messer ist auch noch 'ne kleine Schere und ein Korkenzieher.“

„Au – fein“, rief Pucki, „ich habe den Korkenzieher vergessen.“ Sie zwinkerte dem Freunde listig zu.

Da – wieder ein kräftiges Rütteln des Wagens, lautes Lachen, und wieder lagen einige Kinder im Stroh. – Sie setzten sich erneut zurecht. Doch bald ertönte eine weinerliche Stimme.

„Ich klebe!“ Es war die kleine Olga, die neben Fritz Niepel saß.

„Wo klebst du denn?“ fragte Frau Niepel.

„Ich klebe auch!“ rief Fritz.

„Da trippt was Schwarzes!“

Frau Niepel erhob sich. Aus einer blauen Zuckertüte tropfte langsam dunkler dicker Saft ins Stroh.

„Ach, mein schöner Sirup!“ schrie Fritz und griff mit beiden Händen nach der blauen Tüte, die die umgestürzte Tasse mit dem köstlichen Saft barg.

„Jix – – auf meine Schuhe hat es eben getrippt!“

„Mein ganzes Kleid klebt“, begann Olga zu weinen.

Mit schnellem Griff erfaßte Frau Niepel die Tüte und warf sie aus dem Wagen. Da begann Fritz zu jammern.

„Mein schöner Sirup – meine ganze Überraschung ist aus dem Wagen geflogen.“

„Pfui, ich klebe so sehr!“ klang es wieder.

Fritz, der die Tasse in der Tüte hinter sich auf den Sitz gestellt hatte, war gleichfalls gehörig mit Sirup beschmutzt. Olgas Kleid wies viele dunkle Flecke auf, die Hände, die sie in die Luft streckte, waren braun.

„Hier trippt es noch“, rief Walter und wischte mit dem Finger die Tropfen auf.

Mit einem Handtuch bemühte sich Frau Niepel, den Schaden ein wenig zu beheben.

„Ihr bleibt ganz ruhig sitzen. An der Burg werden wir die Sachen reinigen. Wir sind bald da.“

Trotzdem drang Olgas Gejammer immer wieder durch: „Ich klebe so sehr.“

„Seht einmal dort hinüber, dort steht die alte Burg.“

Den Blicken der Kinder zeigte sich eine Ruine auf einer kleinen Anhöhe. Da wurde haltgemacht. Der Wald wies eine Lichtung auf, und dieser Platz war ausersehen worden, um dort den Nachmittagskaffee einzunehmen.

„Vorsicht – drängelt nicht so sehr, ihr fallt ja vom Wagen.“

„Paul, du sollst nicht über die Leitern springen!“

Und wieder hatten die Erwachsenen Augen und Ohren offen zu halten, um einen Unfall zu verhüten. Zunächst ging das Kinderfräulein mit Fritz und Olga zu einem kleinen Bach, der sich silberhell durch das Gelände schlängelte. Neue Hosen hatte man freilich für Fritz nicht mitgenommen.

„Du legst dich in die Sonne, neben Olga, dann trocknet ihr am schnellsten, und die Größten helfen den Tisch decken.“

Daran dachte freilich keines der Kinder. Alle liefen hin zu der kleinen Quelle, denn es machte viel Spaß, das Wasser über die Hände laufen zu lassen.

„Bleiben Sie bei den Kindern, Fräulein Irma, damit keines ins Wasser geht“, sagte Frau Niepel.

„Mutter“, ertönte es von jenseits, „ich rutsche mit dem nassen Hosenboden hin und her, er ist beinahe trocken.“

Fräulein Irma sah den Knaben, der auf dem Waldboden vergnügt umherrutschte. Die Nadeln klebten an den Höschen. Gott sei Dank, man hatte den Kindern keine guten Sachen angezogen.

„Er hat mich ins Wasser gestoßen“, heulte es von drüben. Und wieder mußten einem Mädchen Schuhe und Strümpfe ausgezogen werden, die zum Trocknen in die Sonne gelegt wurden.

„Wie das Wasser schön schmeckt“, meinte eine andere.

„Warte mal ein bißchen“, flüsterte Pucki, „ich habe was Feines!“

In größter Heimlichkeit holte sie die Flasche mit Himbeersaft aus dem Schulranzen, zerrte Paul am Anzuge und sagte leise zu ihm:

„Kannst du sie nicht aufmachen?“

„Kleinigkeit, ich habe ein Messer mit einem Korkenzieher.“

„Komm hinter den Baum, damit es keiner steht. – Au, wie werden sie sich freuen, wenn wir ihnen gutes Himbeerwasser bringen.“

Mit dem Korkenzieher ging es nicht so glatt, wie man es sich gedacht hatte. Stückchenweise wurde der Pfropfen herausgeholt, der Rest in die Flasche gestoßen. Dann kamen die Kinder strahlend wieder an den Bach.

„Hört mal alle“, rief Pucki, „ich habe feinen Himbeersaft ... Nu gibt es was zu trinken!“

Einen Becher hatten die Kinder nicht. Aber es ging auch so. Sie formten die Hände zu einer Schale, dann goß Pucki einige Tropfen Saft hinein, und damit liefen sie zur Quelle, um Wasser darüber laufen zu lassen.

„Es geht nicht“, zürnte eines der Mädchen.

„Dann hole ich 'ne Tasse.“

Pucki stellte die Flasche mit dem Saft auf den Waldboden und sprang davon. Immer mehr Kinder kamen zur Quelle.

„Ich bin der Wirt“, rief Paul, „wer kauft Himbeerwasser? Paßt mal auf, ich gieße ein bißchen ins Wasser, und ihr trinkt da unten die Limonade aus. Das wird schon gehen.“

Einige Kinder legten sich lang ausgestreckt an den Bach und versuchten, mit den Lippen das Wasser zu erreichen. Paul goß am Ausfluß der Quelle langsam den Saft ins Wasser, das sich rötlich färbte. Zehn Kinder versuchten die süße Flüssigkeit zu trinken. – Da, ein Klirren! Paul, der auf einen vom Wasser überspülten Stein getreten war, glitt aus und suchte nach einem Halt, dabei glitt ihm die Flasche mit dem Saft aus der Hand und fiel auf einen Stein.

Mit einem Satz eilte er fort, denn er sah Pucki kommen, die achtsam einen Becher trug.

„Alles ist kaputt“, rief man ihr entgegen, „der Paul hat die Flasche zerschlagen!“

„Meine schöne Flasche! – Der dumme Junge!“

Sie entdeckte den Freund, der hinter dem Stamme eines Baumes hervorschaute. Schon stürmte Pucki herbei, um ihm eine Tracht Prügel zukommen zu lassen. Wildes Jagen setzte ein. Schließlich stolperte Paul, lag auf der Erde, Pucki stolperte über ihn, und beide Kinder wälzten sich in wildem Ringen auf dem Boden. Es setzte gegenseitig Püffe und Stöße, bis Pucki atemlos sagte:

„So, nu haste genug. – Warte, dafür esse ich die Schlagsahne. Unten steht eine große Schüssel voll. – Ich geh' jetzt hin. Wenn ich zuerst da bin, bekomme ich am meisten.“

In diesem Augenblick wurde zum Kaffeetrinken gerufen. Man hatte den Platz sehr nett hergerichtet. Mehrere Tischtücher waren auf dem Waldboden ausgebreitet. Darauf standen die Becher, die mit dampfendem Kaffee gefüllt waren. Neben jedem Becher lagen einige Stücke Kuchen. Frau Niepel hatte eine Schüssel Schlagsahne in der Hand und war dabei, jedem Kinde einen tüchtigen Löffel voll in den Becher zu geben.

Es mundete allen vortrefflich. Zwar wurde bald hier, bald da ein Becher vergossen, doch damit hatten die drei Erwachsenen gerechnet. Wider Erwarten ging das Kaffeetrinken gut ab. Die Kinder kauten mit vollen Backen, und die lebhafte Unterhaltung geriet ins Stocken.

Man war noch beim Essen, als das Auto des Oberförsters angefahren kam, das ihn und seine beiden Söhne, Claus und Eberhard, zu der Ruine brachte.

„Da komme ich ja gerade zurecht", lachte der kinderliebe alte Herr. „Hat es geschmeckt?"

Pucki sprang sogleich dem großen Claus entgegen und erzählte ihm, daß er auch Himbeersaft hätte bekommen sollen, doch nun sei die Flasche kaputt.

„Wenn ihr mit Essen fertig seid", rief der Oberförster mit weithin schallender Stimme, „gehen wir hinauf zur Waggerburg, zu der alten Ruine aus dem sechzehnten Jahrhundert. – Soll ich euch einmal die Geschichte von der Burg erzählen?"

„Ach ja – ach ja!" ertönte es vielstimmig.

„Wenn ihr schon einmal solch eine Ruine seht, müßt ihr auch deren Geschichte kennen, denn jede Burg hat ihre Geschichte. Das werdet ihr später in der Schule lernen. – Nun paßt mal gut auf. In der Waggerburg wohnte vor fünfhundert Jahren ein schlimmer Ritter mit seiner Schwester. Sie ließen keinen Wanderer in Ruhe. Wenn Leute auf der Straße vorüberzogen, kam der Ritter Kunibert herbei mit seinem Troß und den Landsknechten. Die nahmen die Leute gefangen und sperrten sie in die Waggerburg."

„Sind die Leute nicht fortgelaufen?" fragte Pucki.

„Das konnten sie nicht, denn der Ritter und seine Schwester bewachten die Gefangenen."

„War die Schwester auch so garstig wie der Ritter?"

„Ja, es war eine gar böse Frau. Sie half dem Ritter Kunibert, die Leute auszuplündern. Sie näherte sich ihnen mit freundlichen Worten, und da sie sehr schön war, mißtraute ihr niemand. Sie trug stets ein weißes Kleid mit langer Schleppe. Manchmal verschleierte sie sogar ihr Gesicht und sagte den Gefangenen, sie wolle ihnen zur Flucht verhelfen, wenn man sie wissen ließe, wo deren Angehörige wohnten. Zu denen wolle sie Boten senden, damit man ihnen zu Hilfe käme. Doch alles das war Lüge. Die böse Schwester wollte nur wissen, wo die Leute lebten. Dann schickte der Bruder Boten hin, um ein Lösegeld zu erlangen. Kamen die Verwandten der Gefangenen, wurden auch sie in den Turm gesperrt."

„Pfui, ist das eine häßliche Gesellschaft."

„Wenn ich gekommen wäre", rief Paul, „ich hätte ein Messer genommen und die Frau mit dem weißen Kleide erstochen."

„Hättest du dich nicht gefürchtet? Wenn der Ritter am Abend durch den Wald ging, liefen alle, die in der Umgegend wohnten, schnell fort, denn er war ein gar gefährlicher Mann."

„Ha, ich wäre nicht weggelaufen, und seine Schwester hätte ich mächtig verkeilt. – Ich fürchte mich vor keinem, der durch den Wald geht."

„Schließlich ist dem lieben Gott das schlimme Treiben des Ritters Kunibert zu arg geworden. Er ließ ein schweres Gewitter kommen, und der Blitz zerstörte die Waggerburg. Den Ritter Kunibert hat man tot unter den Trümmern hervorgezogen."

„Die Schwester auch?" riefen viele Stimmen.

„Die Schwester war verschwunden. Es heißt, man habe sie später manchmal in der Ruine gesehen, in einem weißen Kleide und jammernd und wehklagend, weil es ihr sehr leid getan hätte, daß sie so schlimm gewesen war."

Die Augen fast aller Kinder richteten sich ängstlich aus das alte Gemäuer.

„Ist sie jetzt auch wieder da?" fragte Pucki.

„Quatsch“, rief Paul. „Onkel Oberförster, ich weiß, daß du flunkerst, das ist ja Unsinn.“

„Na na, mein Junge, du würdest schon laufen, wenn die Weiße Frau käme.“

„Ich wollte, sie käme heute! – Paßt mal auf, wie ich mit der reden würde. – Die liefe im Galopp davon!“

„Ich kenne ein schönes Sprichwort“, sagte Claus, der älteste Sohn des Oberförsters, „es heißt: ›Löwenmaul hat Hasenherz.‹ Ich möchte der Weißen Frau im Walde nicht begegnen.“

„Feigling“, sagte Paul verächtlich.

„Der große Claus ist kein Feigling!“ rief Pucki, „aber du bist ein Aufschneider. Du hast ja Angst, wenn dir der Knecht mit dem Besen droht. Das habe ich gesehen.“

„Aber vor 'ner Weißen Frau habe ich keine Angst. – Wollen wir jetzt nicht gehen? Ich möchte gern sehen, wo der Ritter die Leute eingesperrt hat.“

„Also los. – Wer mit mir zur Ruine gehen will, der komme zu mir.“

„Und wer nicht mitmachen will“, sagte Frau Gregor, „der bleibt hier, wir spielen jetzt zusammen.“

Die drei Niepelschen Jungen waren die ersten, die bei Oberförster Gregor standen. Dann folgten Pucki, Rose und drei andere Mädchen. Die anderen wollten nicht mit. Der schlimme Rittersmann hatte ihnen Angst eingeflößt.

„Ich möchte schon mit“, flüsterte das kleine Mariechen, „aber ich fürchte mich.“

„Komm nur, ich beschütze dich“, sagte Pucki. „Der böse Mann ist vom Blitz totgeschlagen. Aber das ist schon lange her. Er hat auch jetzt kein Gewehr mehr und kann nicht schießen. Er kann nicht mehr aus dem Hause kommen, und seine Leute sind auch schon lange tot.“

„Aber nun wollen wir gehen“, sagte der Oberförster.

„Kommst du mit, großer Claus?“

„Freilich, ich sehe Ruinen gern.“

So stieg die kleine Schar, geleitet von Oberförster Gregor, den Hügel hinan. – Die Waggerburg war nur noch schlecht erhalten, trotzdem konnte der Oberförster den Kindern die Reste des alten Turmes zeigen, in dem einstmals die Gefangenen geschmachtet hatten. Pucki stellte unzählige Fragen, denn sie wollte alles genau wissen. Paul meinte beständig:

„Das ist ja alles Schwindel. In so 'nem alten Hause hat überhaupt keiner gewohnt.“

Dann stellte er sich in die Ruine und rief mit lauter Stimme:

„Komm mal hervor, Ritter Kunibert, ich möchte mit dir kämpfen. – He – holla, wo ist denn deine Schwester?“

Während der Oberförster mit den Kindern weiterging, bemühte sich Paul, aus einer Mauer mehrere Steine zu lösen, um sie von hier hinunter in das Wässerchen zu werfen, das am Fuße der Ruine dahinfloß. Er zog das Taschenmesser aus der Tasche und begann an der Mauer herumzubohren.

„Paul, wo bleibst du denn?“ rief der Oberförster. „Wir wollen den kleinen Weg, der fast verwachsen ist, hinabsteigen. Das war früher der Schleichweg, den der böse Ritter benutzte, um ungesehen hinab auf die Straße zu kommen.“

„Ich komm' schon!“

„Hu – – hu – – hu – –“ klang es plötzlich hinter dichtem Gebüsch. Ein weißer Arm zeigte sich. „Hu – hu – – hu – Ritter Kunibert, wo bist du, mein Bruder!“

Das Messer entfiel Pauls Händen, dann begann er zu laufen, sprang in langen Sätzen hinter den anderen her und schrie gellend:

„Die Weiße Frau, die Weiße Frau!“

Der Oberförster blieb sofort stehen und sah in die angstgeweiteten Augen des großsprecherischen Jungen.

„Bei dir ist es wohl nicht ganz richtig?“

„Ich hab' sie eben gesehen – ich hab' sie gehört. – Sie war da.“

„Das ist doch Unsinn!“

„Ich – hab' – sie – gesehen.“

Die Kinder drängten sich an den Oberförster. Eines der Mädchen begann zu weinen.

„Na, na, immer hübsch vernünftig sein“, sagte der alte Herr beruhigend. „Es gibt keine Weiße Frau, und hier kann euch schon gar nichts passieren. Will gleich mal sehen, was den Paul erschreckt hat. Wahrscheinlich hängt im Gebüsch ein Stück Papier, und ein Waldvogel hat gerufen. – Komm mit, mein Junge.“

„Nein, nein – –“

„Ich denke, du fürchtest dich nicht?“ sagte Pucki. „Du hast doch gesagt, du wolltest die Weiße Frau totstechen.“ Langsam schob sie ihr Händchen in die rechte Hand des großen Claus, als habe sie bei ihm den besten Schutz.

„Wo ist Eberhard?“ Oberförster Gregor sah sich suchend um; laut rief er nach seinem zweiten Sohne.

Wenige Augenblicke später stand der Gerufene neben dem Vater. Er zog sich gerade die Jacke an.

Der Vater betrachtete seinen Sohn mit forschendem Blick. „Was hast du eben gemacht?“

„Ich habe das Großmaul Paul in Angst und Schrecken versetzt. – Soll ich euch noch mal die Weiße Frau vorspielen?“

„Nein, nein“, klang es vielstimmig.

Doch schon hatte Eberhard die Jacke wieder ausgezogen, schob den Arm durch zwei Tannen und begann zu heulen: “Hu – hu – – hu – – Ritter Kunibert, wo bist du, mein Bruder!“

Da begannen die Kinder zu lachen. Alle Angst war verschwunden, nur Paul stand beschämt in einiger Entfernung da. Er hatte sich arg blamiert.

„Du Hasenfuß“, sagte der Oberförster.

„Hasenfuß – Hasenfuß“, rief die kleine Schar und umsprang Paul, der mit gesenktem Kopf an einem Baume stand.

„Das hast du davon, mein Junge. Wer gar zu sehr prahlt, zieht immer den Kürzeren. Hast du denn nicht gesehen, daß es ein Hemdsärmel war? – So, und nun wollen wir wieder hinabsteigen und zu den anderen Kindern gehen.“

Paul schlich ein großes Stück hinter den übrigen her. Pucki wandte sich mehrmals nach ihm um.

„Großer Claus, er schämt sich. Ich will ihm sagen, daß er sich nun genug geschämt hat. Ich will mal zu ihm gehen.“

Pucki wartete auf den Freund, dann redete sie ihn an.

„Es ist ja nicht so schlimm, Paulchen, mußt dich nicht ärgern. Ich hätte mich auch mächtig gefürchtet. Aber totstechen hättest du die Weiße Frau doch nicht dürfen. Es ist schon besser, du hast sie am Leben gelassen. – Und nun komm.“

Pucki legte den Arm um den Hals des Knaben und schritt mit ihm abwärts dem Platze zu, auf dem die Zurückgebliebenen lustig sich mit Kreisspielen vergnügten.

Köstliche Stunden waren es, die man hier verlebte. Alle Kinder waren mit Leib und Seele dabei, sogar Paul, der sonst gern zu Extrastreichen aufgelegt war. Die vorhin empfangene Lehre schien seinen Übermut gedämpft zu haben. Niemand brauchte ihn heute zur Ordnung zu rufen.

Endlich mahnte Frau Niepel zum Heimfahren. „Es beginnt zu dunkeln, und unterwegs können wir die Lampions entzünden.“

„Brennt mir aber nicht den Wald an“, mahnte der Oberförster, der am Auto stand, denn auch er wollte mit den Seinen heimfahren.

„Ich paß' gut auf, Onkel Oberförster“, sagte Pucki. „Der Harras und ich haben schon mal aufgepaßt.“

Es war eine herrliche Heimfahrt. Zwar brannten unterwegs mehrere Lampions auf, doch selbst das beeinträchtigte die frohe Stimmung der Kinder nicht. Man bedauerte es allgemein, als der Wagen vor dem Niepel-Gutshause hielt und der schöne Ausflug ein Ende fand. Aus aller Augen strahlte das Glück, und für die Stadtkinder würde der heutige Tag eine bleibende Erinnerung sein.

So schön war es noch nie, meinten alle. Man konnte sich gar nicht trennen. Drüben stand der Wagen aus der Oberförsterei und dort der Kastenwagen, der Frau Sandler mit ihren beiden Mädchen ins Forsthaus zurückbringen sollte. Man hatte sich noch sehr viel zu erzählen.

Schließlich mußte Frau Niepel ein Machtwort sprechen. Das weiße Pferdchen zog zwei glückliche Kinder der Försterei entgegen. Pucki und Rose hüteten ihre bunten Lampions sorglich.

Der Förster empfing die Seinen vor dem Hause.

„War's schön?“

„Vati, so schön war's, daß ich gar nicht sagen kann, wie. Alle die vielen Worte, die ich sagen möchte, sitzen fest im Halse und können nicht 'raus.“

„Hat es dir auch gut gefallen, Rose?“

Wortlos barg das glückliche Stadtkind sein Gesicht an des Försters Brust. Der herrliche Ausflug am heutigen Tage war für das Kind das Schönste gewesen, was es bisher erlebt hatte.

Ach, Scheiden ist ein Wort so schwer

Nur zu schnell vergingen die schönen Ferientage. Der Schulanfang kam in immer bedrohlichere Nähe, und oft konnte Pucki ihre neue Freundin

Rose beobachten, wie sie im Garten stand und mit schwermütigen und sehnsüchtigen Blicken Wald und Flur betrachtete. Alles das würde wie ein schöner Traum verschwinden. Jetzt ging es wieder zurück in den engen Hof, in die kleinen Stuben, in denen Mutter und Geschwister lebten. Sie würde bald nicht mehr das Rauschen der hohen Tannen, nicht mehr das Zwitschern der Vögel hören.

Rose öffnete den Mund weit, sie sog mit Behagen die würzige Waldluft ein. Das tat wohl! Ihr war es, als bekäme sie dadurch Stärke und Kraft, sie wurde ordentlich ein anderer Mensch. Rose beneidete Pucki, beneidete alle Kinder, die den Wald so nahe hatten. Was wußten die von den engen Höfen der Großstadt, in die kaum ein Sonnenstrahl fiel. Hier draußen war überall Sonne. Man brauchte nur vor die Haustür zu gehen, ach nein, man brauchte nur das Fenster zu öffnen – es war wundervoll! Wie gut hatte sie es gehabt, was konnte sie alles den Geschwistern daheim erzählen. Wie ein Märchen würde es ihnen erscheinen, und sie, Rose, war die verwunschene Prinzessin, die all das Schöne hatte genießen dürfen.

Frau Sandler strich dem kleinen Stadtkinde liebevoll über das Haar. Sie ahnte, was in dem Herzen des kleinen Mädchens vorging.

„Wenn es uns allen gut geht, wenn wir gesund bleiben, kommst du im nächsten Jahr wieder zu uns in den Wald."

„Liebe Tante Sandler, du liebe, gute Tante, ich, ich –". Rose begann zu weinen. Das Herz wollte ihr schier zerspringen. Sie dachte an die bevorstehende Trennung, an den Abschied von diesen guten Menschen, von Wald und Vögeln.

„Ein Jahr vergeht schnell, meine liebe Rose, wir haben dich alle herzlich liebgewonnen und werden dir öfters Briefe senden, damit du weißt, wie es hier aussieht. Pucki kann dir freilich noch nicht schreiben, aber ich will dir über deine kleine Freundin berichten."

„Ich möchte gern noch einmal zur Schmanzbäuerin gehen."

„Gewiß, Rose, das wollen wir tun. Dort hat man dich auch lieb gewonnen, dort sollst du Lebewohl sagen."

„Tante, wie froh bin ich, daß ich der alten Schmanzbäuerin ein bißchen Freude bringen konnte. Ich habe es hier so gut gehabt, ich konnte dir gar nichts schenken, und wollte dir doch auch etwas Liebes antun."

„Du hast mir oftmals Blümchen aus dem Walde gebracht, mein gutes Kind, warst immer artig und brav, gar oft habe ich mich über dich gefreut."

„Das ist alles nicht genug, Tante, das ist nicht genug", schluchzte Rose, „ich möchte dir zeigen, wie gut ich dir bin."

„Du hast dich recht nützlich gemacht, mein liebes Mädchen, hast unsere kleine Waldi liebevoll betreut und geduldig mit ihr gespielt. Waltraut wird dich sehr vermissen. Doch nun trockne deine Tränen, wir alle müssen uns sagen, daß es im Leben nicht nur schöne Tage geben kann. Nach der Freude kommt wieder die Pflicht."

Rose trocknete sich die Augen; sie wollte tapfer sein, wollte ihr großes Trennungsweh verbergen, aber jedesmal überkam sie aufs neue der Schmerz, wenn sie an das Scheiden dachte. Pucki tröstete sie, so gut es ging, und wiederholte unzählige Male:

„Rose, du kommst doch bald wieder. Wenn der Wald wieder grün ist, bist du wieder da."

Zu der Schmanzbäuerin war Rose in der Ferienzeit öfters hingegangen. Die alte Frau hatte inständig darum gebeten, ihr kleiner, guter Engel möge sich recht oft bei ihr sehen lassen; jedesmal las Rose der alten Frau etwas vor; jedesmal bemerkte Rose, daß sie der fast Blinden dadurch eine große Freude bereitete.

Am heutigen Nachmittage sollte Rose sich von der Schmanzbäuerin verabschieden. Die Försterin gab den Kindern das Geleit.

Zum letzten Male sollte Rose den Wald in seiner ganzen Schönheit sehen, denn gerade um die Schmanz herum standen so herrliche Buchen und Birken wie nirgends sonst.

Und wieder hockte Rose neben der alten Frau. Zum letzten Male für lange Zeit las sie ihr die Geschichte von der Himmelfahrt Christi vor.

„Ich glaube“, murmelte die alte Frau, „daß auch ich nicht mehr lange auf der Erde bin.“

„Großmutter, ich darf im nächsten Jahr wiederkommen, dann lese ich dir noch viel mehr vor. In drei Tagen fahre ich ab.“

„Und kommst nicht mehr zu mir?“

„Ich muß heim, muß wieder in die Schule.“

„Dann wird es wieder dunkel um die alte Großmutter werden, denn dann ist niemand mehr da, der ihr ein wenig Licht in das Herz scheinen läßt.“

„Großmutter“, fragte Pucki, „hat die Rose das getan?“

„Ja, mein Kind, es ist die einzige Freude für mich alte Frau. Die anderen haben keine Zeit, sie müssen um das tägliche Brot arbeiten. Aber die liebe Kleine hier, die hat die alte Großmutter reich und glücklich gemacht.“

„Großmutter, ich kann noch nicht lesen, aber bald kann ich es auch. – Mach' ich dich dann auch reich und glücklich, wenn ich zu dir komme und dir was aus dem dicken Buch vorlese?“

„Das wäre sehr schön, Pucki. Die alte Großmutter hat nichts weiter als das liebe, heilige Buch.“

„Dann lerne ich ganz gewiß sehr schnell lesen, ich möchte dich auch reich und glücklich machen. – Hast du keinen, der dir sonst was vorliest?“

„Nein, mein Kind.“

„Sei mal nicht traurig“, sagte Pucki und strich zärtlich über die welken Hände der Alten, „dann will ich fleißig lernen. Dann komme ich her und lese dir immerfort was vor. – Freust du dich dann auch?“

„Du gutes, gutes Kind! Ja, darauf freut sich die alte Großmutter von ganzem Herzen.“

Wohl eine Stunde lang las Rose vor, dann mahnte Frau Sandler zum Heimgehen.

„Leb wohl, Großmutter“, sagte Rose bewegt, „bleibe gesund und – und Pucki wird kommen und dir vorlesen. Wenn ich im nächsten Jahr wieder hier bin, komme ich auch, dann kann ich viel besser lesen.“

„Gott segne dich, mein Kind! Sollte die alte Großmutter, wenn du im nächsten Jahre wiederkommst, nicht mehr am Leben sein, darfst du dir immer sagen, daß du sie an ihrem Lebensabend sehr glücklich gemacht hast. Das wird dir der liebe Gott in deinem künftigen Dasein reich vergelten.“

Dann kam der Abschied vom Schmanzbauer und dessen Frau. Der sonst mürrische Mann hatte das zarte Stadtkind, das seiner Mutter so viele schöne Stunden bereitete, langsam liebgewonnen. Er klopfte der Kleinen derb auf die Schulter und sagte:

„Bist uns immer willkommen, Mädel, kehre gesund im nächsten Jahre zurück und vergiß uns nicht.“

„Niemals!“

„Das nimmst du mit, und nun leb wohl.“

Der Schmanzbauer ging davon, nachdem er Rose ein großes Paket in den Arm gelegt hatte. Es waren zwei mächtige Dauerwürste, Würste von der besten Sorte, die im Schornstein hingen. Wenn der Schmanzbauer von diesen etwas hergab, stand es fest, daß er den Beschenkten gar gern hatte, sonst opferte er nichts von seiner Lieblingswurst.

Frau Sandler sorgte dafür, daß der Abschied von der alten Bäuerin nicht zu lange und zu schmerzlich wurde. Sie stimmte ein Wanderlied an, und im Marschschritt gingen die drei dem Forsthause wieder zu.

Dort wartete bereits Besuch.

„Ach, großer Claus!“

Mit ausgebreiteten Armen flog Pucki dem Primaner entgegen.

„Ich komme, um mich zu verabschieden. Die Ferien gehen zu Ende, die Schule beginnt.“

„Du willst fort?“ Es war Pucki auf einmal, als stecke ihr ein Kloß im Halse.

„Ja, Pucki, wir alle müssen wieder an die Arbeit, wir alle. Bedenke doch, daß ich viel zu lernen habe, da ich Ostern das Abiturium mache.“

„Darum mußt du weg?“

„Ja, Pucki, wir alle müssen wieder lernen. Drücke den Daumen, daß ich es schaffe und daß ich das Examen gut bestehe.“

„Nutzt es dann? Willst du das Examen bestehen?“

„Selbstverständlich, ich würde sehr traurig sein, wenn es mißglückte.“

„Na, dann will ich immerfort meinen Daumen drücken. Großer Claus, welchen soll ich denn drücken?“

„Das ist einerlei, wenn du nur drückst!“

„Ist es so richtig?“ Pucki preßte den kleinen Daumen mit den Fingern der anderen Hand.

„Freilich, jedesmal, wenn du an mich denkst, mußt du drücken“, lachte er.

„Ich denk' immerzu an dich, großer Claus! – Ich weiß, wenn ich schlafen gehe, lege ich mich immer auf den Daumen, dann wird er gedrückt, und der Mucki sage ich, sie kann ruhig den Daumen in den Mund stecken. Das soll sie sonst nicht, aber das macht sie. Wenn sie tüchtig auf dem Daumen herumbeißt, wirst du das Examen in der Stadt schon machen können.“

„Nein, Daumenlutschen nützt nichts, nur Daumendrücken. Und nun, kleine, liebe Pucki, habe ich dir zum Abschied auch etwas mitgebracht. Hier, das hänge dir um den Hals, dabei denkst du an den großen Claus.“

Er reichte ihr ein Kettchen, an der ein goldenes Herzchen hing.

„Ist das schön! Mach mir das doch gleich um. Hast du das gekauft?“

„Ja, Pucki, beim Kaufen habe ich daran gedacht, daß meine kleine liebe Pucki genau ein solches goldenes Herzchen hat wie das hier.“

Sie tippte auf das Herz. „Dann hängt mir also mein Herz jetzt um den Hals."

„Ja, dabei sollst du denken, daß es sehr schön ist, wenn ein Mensch ein goldenes Herz hat. Tut er etwas Schlechtes, so wird das goldene Herz schwarz."

„Dann putzt es die Minna."

„Nein, ein Herzchen geht nicht blank zu putzen. Man muß sich Mühe geben, daß es immer so golden bleibt."

Pucki war sehr stolz auf das kleine Schmuckstück, das sie heute zum Abschied vom großen Claus erhalten hatte. Es war nur traurig, daß es ein Abschiedsgeschenk war, und daß sie den großen Claus nun viele Wochen nicht mehr sehen würde. Ein schwacher Trost war der, daß er zu den Herbstferien wiederkommen und dann mit Pucki durch das raschelnde Laub wandern wollte.

Rose bekam von Claus eine niedliche Perlenkette. Pucki betrachtete sie lange, zog dann den Freund zur Seite und flüsterte ihm ins Ohr:

„Hast du die Rose lieber als mich?"

„Ich habe euch beide recht lieb."

„Ach – ich möchte aber, daß du mich ein ganz kleines bißchen mehr lieb hast."

Und Claus Gregor beugte sich nieder und tuschelte der Kleinen ins Ohr: „Pucki, dich habe ich am allerliebsten von allen den Mädchen, die in den Wald gekommen sind."

Die Augen des Kindes strahlten.

„Das brauchst du aber keinem zu sagen, das ist unser Geheimnis."

„Au fein! Nun haben wir wieder mal ein Geheimnis. – Großer Claus, ich habe Geheimnisse furchtbar gern."

Es war ein schmerzlicher Augenblick, als Claus dem kleinen Mädchen zum Abschied die Hand reichte.

„Leb wohl, Pucki, und wenn ich wiederkomme, frage ich dich, ob du in der Schule fleißig gelernt hast. Wir wollen nun um die Wette lernen. Willst du?“

„Wenn du willst, daß ich lernen soll, dann lerne ich. – Ich muß jetzt schnell lesen lernen, damit die alte Großmutter reich und glücklich wird.“

„Das ist recht, Pucki, dann freut sich der große Claus über dich. Und nun leb wohl.“

Sie wollte noch ein Stück Weges mit ihm gehen, doch Claus wehrte ab. „Du bleibst im Garten bei Rose und winkst mir nur nach.“

„Ach, großer Claus – –.“ Pucki hatte Tränen in den Augen.

„Leb wohl, Pucki.“

Rasch schritt er aus. Beim Umwenden bemerkte er, daß Pucki mit beiden Ärmchen winkte. Da bog er schnell in den ersten Seitenpfad ein, um dem Kinde den Abschiedsschmerz zu verkürzen. Pucki stand jedoch noch lange am Gartenzaun. Endlich ging sie traurig ins Haus, lief in die Küche und sagte zu Minna: „Ach, ich bin so furchtbar traurig. Der große Claus ist weg – die Rose geht weg – oh, es ist schlimm!“

„Ja“, sagte Minna, „Scheiden ist ein schweres Wort. Aber ich habe ein Mittel gegen deine Schmerzen.“

„Was haste denn?“ fragte Pucki sehr interessiert.

„Wir haben soeben Krapfen gebacken. Willst du einen?“

„Zwei, Minna, denn der Claus geht weg, und die Rose geht weg.“

Sie bekam die zwei Krapfen, und das schwere Kinderherz wurde dadurch wesentlich erleichtert. – –

In den letzten beiden Tagen, während welcher Rose noch im Forsthause weilte, bemühte Pucki sich nach Kräften, der kleinen Freundin recht viel Liebes zu erweisen.

„Mutti, darf ich ihr etwas schenken? Der große Claus hat mir doch auch das Herzchen geschenkt."

„Gewiß, mein Kind, ein Andenken soll Rose mitnehmen. Wir geben ihr für ihre Mutter Lebensmittel mit, und du magst Rose eine Freude machen. Frage sie mal, was sie gern haben möchte."

Sofort lief Pucki zu Rose. „Ich will dir was schenken, was du gerne haben möchtest. Du sollst dich auch in deinem Hofe noch darüber freuen, wenn du keinen Wald mehr hast. – Was möchtest du denn haben?"

„Ein bißchen Wald, ich möchte ein paar schöne, grüne Zweige mitnehmen dürfen."

„Ach, das kannst du!"

„Und auch ein paar Blümchen."

„Ich möchte dir aber ganz was Schönes schenken. – Willst du eine Puppe von mir? Ich gebe sie dir gern, denn ich hab' dich lieb."

„Den Harras möchte ich auch mitnehmen."

„O – – nein, den Harras können wir dir nicht geben, der muß doch aufpassen, daß der Wald nicht brennt, er muß auch mit Vati in den Wald gehen, damit der Vati den Weg findet. Der Harras riecht das."

„Nein, Pucki, den Harras lasse ich dir hier, er würde krank werden, hätte er den großen Wald nicht mehr."

„Soll ich dir mein Kleidchen schenken?"

„Das paßt mir doch nicht, Pucki."

„Ich möchte dir doch so gern was schenken", sagte Pucki weinerlich, „was ganz Schönes."

Rose umarmte mit beinahe leidenschaftlicher Heftigkeit das kleine Försterkind. „Du sollst mich lieb behalten und deiner Mutti sagen, daß ich mal wieder zu euch in den Wald kommen darf. Das ist das Allerschönste, und dann möchte ich – – ja, das möchte ich gern – daß du zur alten Schmanzgroßmutter gehst und ihr bald was vorlesen kannst."

„Ja, Rose, ich gehe zur Schmanzgroßmutter, ich lerne an jedem Tag lesen."

„Mehr brauche ich nicht. Ich bin so froh hier gewesen, wie noch nie, das vergesse ich im ganzen Leben nicht mehr."

„Der Thusnelda habe ich meine Schuhe geschenkt, und dir darf ich nichts schenken. Der große Claus hat dir doch auch was geschenkt."

„Deine Mutti soll mich wiederkommen lassen, das ist das allerschönste Geschenk."

„Na gut", meinte Pucki energisch. „Du kommst bald wieder, ich hole dich dann vom Bahnhofe ab. – Weißt du, du könntest auch im Winter kommen. Dann bauen wir einen großen Schneemann."

„Nein, Pucki, lieber im Sommer, wenn der Wald grün ist und die Vögel so schön singen, ich höre sie so gern."

„Oh, jetzt weiß ich, was ich dir schenke." Pucki stürmte davon, und wenige Augenblicke später kehrte sie mit einer kleinen Trillerpfeife wieder. „Hier hast du sie, das ist genau so, als wenn ein Vogel singt. Der Vati wird sie mir schon geben. Damit ruft er nämlich den Harras. Aber ich schenke sie dir. Wenn du im finstern Hof darauf bläst, denken alle, die Vöglein singen. – So, die nimmst du mit."

Förster Sandler tauschte die Trillerpfeife tags darauf gegen eine kleine Vogelpfeife um, die er aus der Stadt mit heimbrachte. Das klang freilich, als zwitschere ein Vöglein sein lustiges Lied. Beglückt nahm Rose das Geschenk entgegen.

„Ich werde immer an die lieben Vöglein hier im Walde denken."

An einem Sonnabend schlug die Trennungsstunde. An Sandlers, Niepels und überall, wo Ferienkinder untergebracht waren, war ein Schreiben gekommen, daß die Kinder am Sonnabend, vormittags elf Uhr, auf dem Bahnhofe zu Rahnsburg sein sollten, wo sie von der Transportleiterin in Empfang genommen werden würden. Niepels wollten mit dem Wagen beim Forsthause vorfahren, um Rose abzuholen und zur Stadt zu bringen. Frau Sandler und Pucki begleiteten selbstverständlich die kleine Freundin. In Roses kleinem Koffer steckten allerlei Geschenke und verschiedene Lebensmittel, denn man hatte erfahren, daß bei der Scheeleschen Familie große Not herrschte. Rose hatte sich über die Gaben nicht recht freuen können, denn zu groß war der Abschiedsschmerz. Und als nun der Wagen mit den Knaben und den vier Ferienkindern vorgefahren kam, als es hieß: einsteigen, waren Roses Augen so voller Tränen, daß sie nichts mehr erkennen konnte. Sie schluchzte am Halse des guten Onkels, sie umarmte Minna, ja sogar den treuen Harras, der zu wissen schien, daß die kleine Freundin nicht so bald wiederkäme. Traurig sah er sie an und bellte leise.

Nun saß sie im Wagen. Roses Tränen tropften auf den großen Strauß Blumen, den sie in den Händen hielt. Am liebsten wäre sie wieder vom Wagen gesprungen.

Von allen Seiten kamen die Ferienkinder herbei. Wer hätte in diesen rotwangigen Mädchen die blassen Kinder wiedererkannt, die vor fünf Wochen auf demselben Bahnsteige gestanden hatten und bangen Herzens in ihre Quartiere gegangen waren. Diese Ferienzeit war allen zu einem herrlichen Erlebnis geworden, war eine schöne Erinnerung, die sich nicht mehr auslöschen ließ.

Das junge Mädchen, das die Kinder in Empfang nahm, staunte über deren gesundes Aussehen. Herzliche Dankesworte wurden gewechselt. Alle Pflegemütter hatten sich auf dem Bahnhofe eingestellt, noch einmal wurden Umarmungen und Abschiedsküsse getauscht, dann stiegen die Kinder in den Zug und drängten sich an die Fenster.

Rose lag noch in den Armen Frau Sandlers; sie war vielleicht die einzige, die in den letzten Minuten nichts sagen konnte. Pucki plauderte munter daraus los, sprach vom Wiederkommen, vom Schneemann, den man gemeinsam bauen wollte, und vielleicht käme auch sie mal und besuchte Rose. Aber das Stadtkind hörte kaum, was die kleine Freundin sagte.

„Du mußt nun einsteigen, mein Kind."

Frau Sandler brachte Rose selbst in den Wagen. Es schien, als wollte sich das Kind an ihr festklammern. Dann saß es auf der Bank, ganz still für sich.

Mit schwerem Herzen stieg die Försterin aus dem Zuge. Am Fenster sah sie Rose nicht mehr. Aus dem fahrenden Zuge aber winkten gar viele Kinderhände ein letztes Lebewohl, und auch Pucki schwenkte ihr Taschentuch aus Leibeskräften.

„Mutti, kommt die bald wieder?“

„Hoffentlich im nächsten Jahre.“

„So, Mutti, nu müssen wir heim, jetzt muß ich lesen lernen, damit die alte Schmanzgroßmutter reich und glücklich wird.“

Obwohl Rose im Forsthause niemals Lärm gemacht hatte, erschien es allen darin in den nächsten Tagen still und einsam. Auch Pucki vermißte die Freundin überall, aber sie tröstete sich mit dem Schwesterchen, dem sie sich von nun an mehr widmete als bisher.

„Und jetzt, Mutti, muß ich in der Schule ganz genau aufpassen. Weißt du, die Schmanzgroßmutter will nur, daß ich lesen lerne, da werde ich in Zukunft nicht mehr so viel schreiben. Das brauche ich nicht, das kann die Schmanzgroßmutter doch nicht sehen.“

„Aber Rose wartet doch auf einen Brief von dir. Rose wird uns bald Nachricht von sich geben. Ich dachte, es würde dich freuen, wenn du deiner kleinen Freundin antworten könntest.“

Einige Augenblicke überlegte Pucki, dann nickte sie ernsthaft mit dem Köpfchen.

„Ja, dann wird wohl nichts anderes übrig bleiben, dann muß ich auch schreiben lernen.“

Ein schöner Spruch

Mit Pucki war seit den großen Ferien in der Schule eine staunenswerte Veränderung vor sich gegangen. Die Lehrerin, Fräulein Caspari, konnte sich nicht genug über den Eifer des Mädchens wundern, das, besonders im Lesen, überraschend schnell alle Mitschüler und Schülerinnen überflügelte. Wenn sie Pucki fragte, weshalb sie diesen Eifer zeige, so sagte sie stolz:

„Die Schmanzgroßmutter möchte gern reich und glücklich sein. Sie wartet auf mich."

Der Leseeifer der kleinen Försterstochter trug ihr mitunter allerlei kleine Verletzungen ein. Auf dem Schulwege hatte Pucki stets das Buch vor der Nase, und nicht selten geschah es, daß sie plötzlich gegen einen Baum lief oder über eine Wurzel stolperte und hinfiel. Auch daheim griff sie nach allem Gedruckten, einerlei, ob es die Zeitung, der Mutter Kochbuch oder sonst ein Buch war, das irgendwo herumlag.

Bei diesem Eifer verging die Zeit recht schnell. Sie staunte, als die Herbstferien herankamen, freute sich, als der große Claus ihre Lesekünste bewunderte, und lief zur Schmanzgroßmutter, der sie allerdings mit ihren geringen Lesekünsten noch nicht viel bieten konnte.

„Warte noch, Schmanzgroßmutter, bis zu Weihnachten, dann kann ich noch besser lesen."

Der Herbst verging, der erste Schnee lag auf den Zweigen der Tannen.

„Mutti, kann die Rose nicht zu Weihnachten herkommen?"

„Nein, Pucki, das geht nicht, doch im Sommer kommt sie wieder."

Rose Scheele schrieb regelmäßig alle vierzehn Tage einen ausführlichen Brief. Aus jeder Zeile sprach die Sehnsucht nach dem Walde, nach den guten Förstersleuten, nach Pucki und Waltraut. Staunend lauschte die kleine Försterstochter den Berichten, die Rose gab. Alle die Pflichten, die Rose an ihren kleineren Geschwistern erfüllte, waren für Pucki neu und ungewohnt. Rose konnte schon eine Stube auskehren, sogar aufwischen, sie pflegte die Mutter, als sie krank war, hatte nebenbei Schule, machte ihre Schularbeiten und versuchte, kleine Näharbeiten zu machen.

„Mutti, was sie alles kann, das kann ich nicht."

„Du bist auch zwei Jahre jünger, mein Kind, außerdem hast du es auch leichter im Leben als Rose, die keinen Vater hat, der für sie sorgt."

„Ach, wie traurig!"

„Zu Weihnachten wollen wir Rose und ihre Geschwister beschenken, damit auch im Scheeleschen Hause eine richtige Weihnachtsstimmung herrscht."

Weihnachten! Das war ein Wort, das Pucki in Begeisterung versetzte. Das Weihnachtsfest blieb doch das schönste aller Feste, und ungeduldig zählte sie nun die Tage bis zum vierundzwanzigsten Dezember. Aber vorher gab es viel zu bedenken. Vater und Mutter sollten ein Weihnachtsgeschenk bekommen. Die Kinderhände strickten unter schweren Seufzern der Mutter einen Topflappen für die Küche. Minna mußte oft helfen, wenn eine Masche von der Nadel fiel oder wenn in der Baumwolle ein Knoten war. Pucki stöhnte oft laut bei ihrer Arbeit, doch der Gedanke, daß sich die Mutti über ihr Geschenk freuen würde, ließ sie nicht ungeduldig werden.

Vati bekam etwas ganz Feines! Einen Aschenbecher aus dünnen Stäbchen. Innen war eine schöne gelbe Schale. Pucki hatte schon manches Stäbchen zerbrochen, und es erschien ihr sehr schwierig, all die kleinen, dünnen Hölzchen in die rechte Lage zu bringen. Doch nun war auch diese Arbeit beinahe beendet.

Draußen fiel der Schnee in großen Flocken und bedeckte den Waldboden. Sehr oft wurde Pucki im Niepelschen Schlitten nach der Schule gefahren. Das war eine Freude, wenn das weiße Pferdchen herangeklingelt kam.

„Es hat den Schnee gern, Mutti, weil der Schnee auch weiß ist. Kommt der Weihnachtsmann mit dem Weihnachtsbaum auch mit einem weißen Pferdchen?"

„Nein, der Weihnachtsmann bringt den Baum auf dem Rücken."

„Wirft er ihn dann wieder auf das Dach vom Holzstall wie damals, als es Weihnachten war?"

„Das wird er wohl tun."

„Au, Mutti, wenn aber der Onkel Oberförster den Weihnachtsmann trifft? Na, dann schimpft er aber, wenn der Weihnachtsmann gerade den Weihnachtsbaum umhackt. Den Vater von Grete hat er auch ausgeschimpft, als er sich einen Baum holte."

„Der Weihnachtsmann darf so viele Bäume holen, wie er braucht. Doch der Vater deiner Schulfreundin Grete hätte erst um Erlaubnis fragen müssen."

An jedem Abend, ehe die Kleine zu Bett ging, stand sie ein Weilchen am Fenster und wartete, ob sie vielleicht den Weihnachtsmann zu sehen bekäme.

„Ein komischer Mann, Mutti, er braucht doch nicht in der Nacht herumzulaufen, er kann doch kommen, wenn es hell ist."

An einem Morgen lag der Weihnachtsbaum wirklich wieder auf dem Dach des Holzstalles. Pucki schrie vor Freude laut auf.

„Oh, nu wird es endlich Weihnachten! Ich kann's auch gar nicht mehr aushalten."

Eine große Freude hatte Pucki stets, wenn die Mutter nach Rahnsburg ging, um einzukaufen. Oftmals durfte Pucki sie begleiten. Man kaufte vielerlei ein: Für Rose und deren Geschwister, für Minna, für den Vati, für die Waschfrau. Pucki sah sich interessiert die Auslagen an. Während die Mutter mit dem Geschäftsinhaber sprach, stand Pucki vor einem Wandbrett, auf dem der schöne Spruch eingebrannt war:

„Beglücke du, so wirst du glücklich sein."

Pucki buchstabierte mühsam daran herum, denn die Buchstaben waren mitunter mit kleinen Schwänzchen versehen. So dauerte es eine ganze Zeit, ehe sie den Spruch ernsthaft vor sich hinsagte:

„Be – glücke du, so wirst du glücklich sein."

Als sie mit der Mutter den Laden verließ, zeigte sie auf den Spruch und fragte: „Mutti, was ist das für ein schöner Spruch?"

„Der Spruch mahnt jeden daran, er möge andere Menschen froh und glücklich machen, denn nur dann kann man selber froh und glücklich sein."

„Wie heißt er?"

Die Försterin wiederholte den Spruch, und Pucki sprach ihn mehrmals nachdenklich vor sich hin.

„Mutti, wird man glücklich, wenn man den anderen beglückt?"

„Ja, mein Kind; du freust dich ja auch, daß wir Rose ein schönes Weihnachtspaket schicken. Schenken zu dürfen macht Freude. Wir beglücken durch dieses Paket deine Freundin und sind selbst glücklich darüber, daß wir dazu imstande sind. Hast du nun begriffen, was der Spruch bedeutet?"

„Ja, Mutti."

Bei den Besorgungen in der Stadt trafen sie Frau Niepel, die ebenfalls Einkäufe machte.

„Sie werden am Weihnachtsabend wieder viel Trubel im Hause haben, liebe Frau Niepel, Ihre drei Buben werden dafür sorgen."

„Mein Ältester macht mir viel Kummer; er lernt auch nicht gut, ich bin darüber recht unglücklich."

Man ging weiter zum Kaufmann.

Puckis Augen wunderten durch den großen Raum. Die vielen Kästen und Gläser erregten stets ihr Interesse. Dort drüben stand ein hohes Glas mit Schokolade. Schon manches Mal hatte ihr der freundliche Kaufmann ein Stückchen Schokolade daraus geschenkt. So ging sie zu dem Glase und sah es verlangend an.

„Du möchtest wohl ein Stück", sagte der Kaufmann, „hier hast du eines."

„Danke."

Mit großem Appetit verzehrte Pucki das Stückchen Schokolade. Sie fand, daß der Spruch auf dem Holzbrett etwas sehr Schönes sei.

„Mutti", sagte sie auf dem Heimwege, „wie glücklich wird der Weihnachtsmann sein, wenn er mich zu Weihnachten beglücken kann. Ich meine, der Weihnachtsmann sollte mir recht viel schenken."

Der eingelernte Spruch ließ Pucki keine Ruhe mehr.

Das Packen der Pakete an Bekannte und Verwandte kurz vor Weihnachten war für sie ein Fest. Alles das, was die Mutter zusammentrug, erschien ihr nicht genug.

„Könnten wir nicht noch ein bißchen mehr einpacken?"

Sie brachte bald dieses, bald jenes heran, mitunter mußte Frau Sandler entsetzt abwehren. Die Tochter hätte am liebsten die ganze Speisekammer ausgeräumt. Jedesmal, wenn wieder ein Paket fertiggestellt war, umhalste sie die Mutter stürmisch und jauchzte:

„Gelt, nun sind wir beide glücklich!"

An Rose Scheele gingen sogar zwei Pakete ab. Pucki hatte mancherlei von ihrem Spielzeug geopfert, und auch von dem Schmanzbauer war eine Wurst und ein großes Stück Butter gespendet worden.

„Wäre der große Claus schon hier, er schickte ihr ganz gewiß auch was Schönes. Wie wird sie sich freuen!"

Für Frau Scheele wurde auch noch ein Geldgeschenk beigelegt mit der Bitte, ihren Kindern einen Weihnachtsbaum zu kaufen, damit auch dort rechte Weihnachtsstimmung herrsche.

„Du sitzest immer neben mir, Pucki, und scheinst ganz zu vergessen, daß der Aschenbecher für Vati noch nicht fertig ist. Willst du ihm etwas Unfertiges auf den Weihnachtstisch legen?"

„Mutti, wo denkst du hin! Ich hab' nur noch ein paar kleine Stäbchen durchzuziehen."

„So geh und mache alles fertig."

Pucki saß im Zimmer und quälte sich mit der Handarbeit. Sie überhörte es, daß der Vater heimkam, sie sah auch nicht auf, als er die Tür öffnete, da sie glaubte es wäre die Mutti.

„So fleißig, Pucki?"

Das Kind stieß einen entsetzten Ruf aus, nahm den Aschenbecher, hielt ihn auf den Rücken, sah vor sich die Stäbchen und griff nach ihnen, nachdem sie den Aschenbecher auf den Stuhl gelegt hatte.

„So, Vati, du hast doch nichts gesehen?"

Mit vergnügtem Lachen ließ Pucki sich wieder auf dem Stuhl nieder, auf dem ihre Arbeit lag. Aber sofort sprang sie auf, denn sie hatte ein leises Knacken gehört.

„Vati – nu ist alles kaputt! – Oh – –" Puckis Stimme zitterte bedenklich. „Da wollte ich dich beglücken – – sieh mal, wie er jetzt aussieht, und er war doch so schön!"

Der Aschenbecher war vollkommen zerdrückt, der größte Teil der Stäbchen zerbrochen.

„Nun ist bald Weihnachten, und alles ist kaputt – ach, Vati, ich bin so traurig!"

„Das ist freilich schlimm, Pucki. Warum bist du immer so stürmisch."

„Du solltest es doch nicht sehen und solltest nichts wissen. Ach, Vati, es ist sehr schlimm!"

„Wollen mal sehen, ob wir den Aschenbecher nicht wieder heil bekommen."

„Hilfst du mir?"

„Ein bißchen."

„Ach, Vati, du bist aber gut!"

„Na, dann gib mal her. Wir wollen gleich mal sehen, was wir machen können."

Einige Minuten später, als Vater und Tochter emsig bei der Arbeit waren, kam Frau Sandler ins Zimmer.

„Nanu, was wird denn hier gemacht?“

Pucki sprang auf und hing der Mutter am Halse.

„Ich helfe ihr ein wenig“, sagte der Vater.

„Mutti, der Vati weiß nicht, was wir machen. Er denkt, das ist was anderes. Wir sagen ihm nicht, was das wird. – Nicht wahr, Vati, du weißt nicht, was das ist.“

„Gewiß etwas für deine Puppenstube.“

„Ach, Mutti!“ jubelte die Kleine, „der Vati weiß es wirklich nicht.“

Später erfuhr Frau Sandler von dem Unglück, daß Pucki den Aschenbecher völlig zerbrochen hatte, in ihrem Eifer, das Geschenk zu verbergen. Sie ließ es daher ruhig geschehen, daß der Vati seinem Töchterchen bei der Arbeit half.

Es war für Sandler gar nicht einfach, die zierlichen Stäbchen in die vorgebohrten Löcher zu stecken, und Pucki lachte hell auf, wenn dem Vati ein Stäbchen wieder heraussprang.

„Meinste nicht, Vati, daß das sehr schwer ist und daß wir uns große Mühe geben müssen?“

„Ja, ich würde mir so viel Arbeit für meine Puppenkinder nicht machen!“

„Vati, es ist doch gar nicht für die Puppenstube.“

„So, wer bekommt es denn dann? Wohl ein Weihnachtsgeschenk?“

„Ich sag' dir nichts! Ich sag' dir nichts!“

„Ich denke, nun kannst du den Rest allein fertigmachen.“

„Ach, Vati, noch ein ganz kleines bißchen kannst du mir helfen.“

Schließlich wurde der Aschenbecher gemeinsam fertiggestellt.

„Nimm ihn aber gut in acht", mahnte der Vater, „setze dich nicht wieder darauf, es ist kein Stuhl, sondern ein Aschenbecher."

„Oh, woher weißt du das?"

„Ach so – na, vielleicht ist es auch etwas anderes."

„Findest du ihn sehr schön?"

„Herrlich, Pucki."

„Na, dann ist es gut, dann wirst du dich ja freuen!" – –

So kam das Weihnachtsfest immer näher heran. Endlich schrieb man den vierundzwanzigsten Dezember. Pucki steckte mit ihrer Unruhe die kleine Schwester an. Die beiden Kinder konnten sich vor Ungeduld kaum noch lassen. Da war es ein Glück, daß an diesem Tage ganz plötzlich Claus Gregor im Forsthause erschien. Pucki begrüßte ihn mit hellem Jubel.

„Weißt du auch, daß heute Weihnachten ist? – Großer Claus, ich habe immerfort den Daumen gedrückt und an dich gedacht. – Ich schenke dir auch was, komm mal mit, großer Claus!"

Im Garten stand ein Schneemann; er war etwas unförmlich und auch nicht gerade schön zu nennen, aber Pucki hatte ihn ganz allein gebaut.

„Den habe ich für dich zu Weihnachten gebaut und dabei an dich gedacht, damit du zu Ostern dein Ding machen kannst und froh bist."

„Wie lieb von dir, Pucki! Ich habe dir auch etwas zum Weihnachtsfest mitgebracht. Das liegt heute abend unter dem Weihnachtsbaum."

„Ach, bis dahin ist es noch so furchtbar lange! Ich weiß gar nicht, was ich anfangen soll; ich halt's nicht mehr aus." –

„Aber mein Geschenk bekommst du doch erst heute abend. Ich komme aber mit einem anderen Vorschlage. Wollen wir zusammen zur Schmanzbäuerin gehen? Wir wollen sogleich die Eltern fragen."

„Kommen wir aber wieder zurück, wenn es klingelt und der Weihnachtsbaum brennt und die vielen Geschenke da sind?"

„Selbstverständlich, wir sind bis Mittag wieder zurück."

„Ach ja, dann gehen wir schnell zur Schmanzgroßmutter. Ich kann ihr auch die Weihnachtsgeschichte vorlesen. Die Minna hat sie mir oft vorgelesen, nun kann ich sie auch lesen. Komm schnell, wir wollen die alte Großmutter besuchen."

Frau Sandler war von Herzen froh, daß sie für die beiden nächsten Stunden ihre unruhige Tochter los war. Pucki stand überall im Wege, und es gab heute noch viel zu tun.

So wanderten die beiden zur Schmanz und brachten die Weihnachtswünsche aus Oberförsterei und Forsthaus. Pucki setzte sich zu Füßen der Großmutter auf ein Bänkchen und sagte strahlend:

„Heute schenke ich dir, daß ich gut lesen kann."

Sie holte die Heilige Schrift, klappte sie irgendwo auf und begann dann die Weihnachtsgeschichte auswendig aufzusagen.

„Kann ich nicht fein lesen, Großmutter? Freut es dich?"

Wieder lauschte die Alte andächtig den Worten des kleinen Mädchens, bis Pucki plötzlich aufsprang und sagte:

„Nu müssen wir aber ganz schnell nach Hause laufen. Wenn Weihnachten vorüber ist, lese ich dir wieder was vor, Großmutter, aber jetzt habe ich keine Zeit mehr."

„Warte mal, Kind", rief der Schmanzbauer, als Pucki sich anschickte heimzugehen, „wir haben noch was für dich, zu Weihnachten."

Schon brachte die Bäuerin ein großes Pfefferkuchenherz.

„Kannst du lesen, was darauf steht?"

„Oh – oh –" jubelte das Kind, „da steht Pucki drauf, und das bin ich!"

Sie drückte das Herz begeistert an sich, doch dann drängte sie den großen Claus zum Gehen. „Sonst komme ich nicht nach Hause, wenn es klingelt."

„Es klingelt erst heute abend, Pucki, wenn der Weihnachtsbaum brennt!"

„Ach, komm nur, vielleicht klingelt es doch ein bißchen früher."

Es waren für Pucki noch schlimme Stunden, ehe es wirklich zur Bescherung kam. Dann aber stand sie mit verklärtem Gesicht vor dem Lichterbaum, vor dem reichen Gabentisch und bestaunte die Geschenke. Da fand man mancherlei Schönes: Eine neue Puppe, Äpfel, Nüsse, Pfefferkuchen, und einer der Kästen barg ein Buchstabenspiel vom großen Claus. Aus bunten Buchstaben ließen sich Wörter zusammensetzen. Das erste was Pucki zusammenstellte, war der Name des großen Freundes: Claus.

Das Freuen wollte kein Ende finden. Pucki tanzte im Zimmer umher, umarmte den Vater, die Mutter und rief immer wieder:

„Ach, es müßte immer Weihnachten sein."

Schließlich wurde sie aufgefordert, den Eltern ihre Geschenke zu bringen. Mit strahlendem Gesicht überreichte sie dem Vater den Aschenbecher.

„Na, da bist du wohl erstaunt, Vati? Das hast du dir nicht gedacht. Oh, das ist ulkig! Du hast gedacht, es ist für meine Puppenstube – hahaha, und nun ist es doch für dich!"

„Das ist freilich eine große Überraschung."

„Hier, Mutti, das habe ich für dich gestrickt, es war sehr schwer. Aber du sollst dich auch freuen."

Die Eltern freuten sich über das Glück ihrer Kinder. Als Pucki sich ein wenig beruhigt hatte, bestaunte sie auch die Geschenke von Vati und Mutti.

„Sieh her, Pucki, diesen Streichholzbehälter hat Rose für uns geklebt. Sie denkt mit viel Liebe und Anhänglichkeit an uns alle, und für dich ist hier ein Brief mit bunten Bildchen. Ich nehme an, daß Rose heute eben so froh ist wie du, da sie unsere Pakete erhalten hat."

„Ach Mutti, ach Vati, Weihnachten ist das allerschönste Fest. Könnte man nicht immerzu Weihnachten feiern?"

Auch Waltraut war dieser Meinung. Sie wünschte, daß morgen noch einmal Weihnachten sei, weil sie noch am Tage der Bescherung der neuen Puppe den Kopf zerbrochen hatte. Trotzdem wurde die Weihnachtsfreude dadurch nicht beeinträchtigt. Und als die Eltern endlich die Kinder in die Betten bringen wollten, baten beide, man möge sie heute doch ein wenig länger aufbleiben lassen.

Trotzdem wurden die Kinder bald müde. Pucki wollte alle Spielsachen mit ins Bett nehmen, und Waltraut wählte den Teddybären aus, weil er haltbarer sei als die Puppe.

„So, Mutti“, meinte Pucki, als sie im Bett lag, „nun habe ich noch sehr viel zu tun. Ich muß dem lieben Gott danken, daß er mich so beglückt hat und muß ihn bitten, daß ihr mir noch recht viele Jahre viel schenken könnt, dann muß ich den Daumen tüchtig drücken für den großen Claus und von vielen schönen Sachen träumen. Wenn's doch erst wieder morgen wäre, damit ich weiter spielen kann.“

Während Waltraut längst schlief, lag Pucki noch mit glänzenden, weitgeöffneten Augen in ihrem Bettchen. Sie überdachte den herrlichen Tag, der ihr so viele neue Spielsachen gebracht hatte.

Puckis goldenes Herz

Der Winter mit seinen vielen Freuden war vergangen. Wieder zog der Frühling ins Land und schmückte Bäume, Wiesen und Felder mit frischem Grün. Puckis Fleiß war nicht erlahmt. Sie freute sich an den Fortschritten, die sie im Lesen machte, und jedesmal, wenn sie zur Schmanzgroßmutter wanderte, stellte Pucki selbst fest, daß sie Fortschritte gemacht hatte. Die Schmanzgroßmutter war über den heutigen Besuch des Kindes überglücklich und nannte Pucki ihren kleinen Engel, der im Alter zu ihr geflogen wäre, um sie zu erfreuen.

Aber auch verschiedene der Waldarbeiter gaben dem Försterkinde den Namen: unser gutes Waldgeistchen. Als Pucki zum ersten Male diesen Namen hörte, schaute sie erstaunt die Männer an und sagte:

„Ich heiße doch Pucki, und ein Pucki macht oft was Schlimmes."

„Du bist aber kein schlimmer Puck, ganz im Gegenteil! Wo du hinkommst, verbreitest du Freude. Wir alle haben dich lieb, du bist eben der gute Waldpuck."

Glücklich lief das Kind zu den Eltern und erzählte ihnen von dem Lobe, das ihr geworden war.

„Wenn ich der gute Waldpuck bin, Mutti, dann sollen mich alle Menschen nur immer Pucki nennen. Dann denke ich daran, daß der eine Mann im Walde gesagt hat, ich brächte den Leuten Freude und man hätte mich lieb. Oh, Mutti, ich möchte nur Pucki heißen, auch wenn ich so alt werde wie die Schmanzgroßmutter."

„Du bist ja unsere liebe Pucki."

„Aber alle Menschen sollen mich Pucki nennen, und ich will immer sehen, daß ich ein guter Waldpuck bin. Die Schmanzgroßmutter meint auch, ich mache ihr Freude."

Von jetzt an lebte in Pucki mehr denn je das Verlangen, alle Menschen zu erfreuen. Wenn sie mit dem Vater in den Wald ging, so brachte sie den Holzfällern stets ein paar Blümchen. Mitunter steckte sie diesem oder jenem einen Bonbon zu, den sie sich daheim abgespart hatte. Traf sie Leute, die Holz suchten, so war sie sogleich bereit, zu helfen, und lud oftmals Äste auf die kleinen Wagen.

Die Tiere des Waldes waren ihre besonderen Lieblinge. Jedes Vöglein, jedes Käferchen wurde entzückt betrachtet. Hatte ein Käfer Mühe, über einen im Wege liegenden Ast zu kommen, so beugte sie sich nieder, um den Ast behutsam aus dem Wege zu räumen.

„Du sollst auch deine Freude haben, du liebes Käferlein, sollst dich nicht quälen."

Vor den Ameisenhaufen konnte sie lange stehen und die fleißigen Tierchen beobachten. Nicht selten brachte sie Krümchen mit und hatte Freude daran, wenn die emsigen kleinen Tiere den wertvollen Schatz in ihren Bau trugen. Niemals hätte sie einen Ameisenhaufen zerstört. Als

Paul einmal den Versuch machte, fuhr die Kleine ihm zornig in die Haare und riß ihn zurück.

„Ein großer Junge wird solch kleinen Tierchen, die immerfort arbeiten, ein Leid zufügen! Oh, pfui, ich mag dich gar nicht mehr leiden!"

An einem Nachmittage erschien der große Claus im Forsthause und schloß Pucki lachend in seine Arme.

„Ich bin nun fertig mit der Schule, Pucki, ich habe das Abiturium bestanden und bin darüber sehr froh."

„Ich habe auch tüchtig den Daumen gedrückt. – Brauchst du nun gar nicht mehr in die Schule gehen?"

„Ach, nun geht das Lernen erst richtig los. Jetzt wird es noch ernsthafter als früher."

„Fängst du nochmal von vorne an, großer Claus?"

„Jetzt geht es auf die Universität, dort wird studiert, bis aus dem großen Claus ein Onkel Doktor geworden ist, der die kranken Menschen gesund macht."

„Ach, und wenn ich krank werde, kommst du dann auch zu mir und machst mich gesund?"

„Freilich, ich hoffe aber, daß du gar nicht erst krank wirst, Pucki. Für dich gibt es nun auch bald Ferien, dann wollen wir wieder zusammen durch den Wald wandern."

„Wieviel Tage sind es noch, bis ich Ferien habe?"

„So viele, wie du Finger an einer Hand hast."

„Und was ist dann?"

„Gründonnerstag – Karfreitag – dann kommt das Osterfest."

„Ja, mit dem Osterhasen und den Ostereiern."

„Mit der Versetzung, Pucki! Du wirst doch ein gutes Zeugnis erhalten und in die siebente Klasse hinüber kommen?"

„Ich glaube schon – Fräulein Caspari hat ein bißchen davon erzählt."

„Das ist schön – ich hätte sonst meine kleine Pucki auch gar nicht mehr so lieb haben können wie bisher, wenn sie faul wäre."

„Hast du den Paul Niepel nicht lieb? Er ist faul und wird nicht versetzt. Aber der Fritz wird versetzt, er ist lieb und fleißig." – –

So vergingen auch die letzten Schultage, und beglückt brachte Pucki ein sehr gutes Zeugnis heim. Dafür wurde sie von den Eltern gelobt.

„Weißt du noch, Pucki", sagte der Vater, „daß du dich vor der Schule sehr gefürchtet hast? Du wolltest gar nicht hingehen. Anfangs warst du auch nicht gerade fleißig, doch jetzt, da du sieben Jahre zählst, bist du schon klüger geworden. Du siehst bereits ein, wie schön es ist, wenn man etwas versteht, und wieviele Freude man damit anderen machen kann."

„Wenn ich zur Schmanzgroßmutter gehe, zeige ich ihr das Zeugnis und lese ihr was vor."

„Zur Schmanzgroßmutter wirst du in den nächsten Tagen nicht gehen können. Die alte Frau ist nicht wohl."

„Vati, tut ihr was weh?"

„Ja, sie muß zu Bett liegen."

„Oh, dann gehe ich mit dem großen Claus hin. Er wird bald alle Leute gesund machen können. Er kann auch die Schmanzgroßmutter wieder gesund machen. – Ach, Vati, laß mich doch zur Schmanzgroßmutter gehen."

„Erst wollen wir abwarten, wie es ihr morgen geht. Dann kannst du vielleicht am Ostersonnabend hingehen."

Am Gründonnerstag saßen die beiden Kinder im Garten zusammen. Pucki erzählte Waltraut von dem Osterhasen mit dem goldenen Schwänzchen, der in wenigen Tagen wieder in das Forsthaus kommen würde, um schöne bunte Eier zu legen.

„Wir müssen aber noch warten und noch ein paarmal schlafen gehen, Waldi, ehe er kommt. Heute ist erst der grüne Donnerstag, an dem alles schön grün wird. Und morgen ist immer noch nicht Ostern, aber dann bald."

Der nächste Morgen brachte Pucki eine große Freude. Aus der Oberförsterei wurde angerufen, daß Oberförster Gregor am heutigen Tage beruflich nach Rotenburg müsse. Er wolle in seinem Auto Pucki und die drei Niepelschen Knaben mitnehmen. Pucki möge sich für ein Uhr bereithalten, dann würde das Auto kommen.

Die Kleine jubelte laut auf. Eine Fahrt im Auto des Onkel Oberförster hatte für sie keine Schrecken. Wohl dachte sie mit Entsetzen an eine Fahrt in dem dunklen Kasten des Viehhändlers Henschel, die sie einmal gemacht hatte, aber in dem großen Wagen von Onkel Oberförster saß es sich herrlich.

„Mutti, ich freue mich furchtbar! Mach nur, daß ich bald fertig werde, damit der Onkel nicht zu warten braucht. – Mutti, ist der große Claus auch dabei?"

„Das weiß ich nicht. Außerdem kennt Claus Rotenburg genau, denn er geht dort mit seinem Bruder aufs Gymnasium."

„Ja, dort hat er gewohnt, bei seiner Tante."

„Wahrscheinlich wird der gute Onkel Oberförster euch zu der lieben Tante bringen. Sei also nicht unartig, mein Kind. Wenn du mit den Niepelschen Knaben zusammen bist, bist du genau so wild wie sie."

„Ach, fein wird es sein! Mutti, ich freue mich furchtbar!"

Oberförster Gregor, der große Kinderfreund, wollte besonders der fleißigen kleinen Pucki und dem braven Fritz Niepel eine Freude machen. Die beiden Kinder hatten so gute Zeugnisse mit heimgebracht, daß sie eine Belohnung verdienten. Seine beruflichen Pflichten würden ihn wohl eine gute Stunde, in Anspruch nehmen. Während dieser Zeit sollte Claus, der die Fahrt mitmachte, mit den vier Kindern zu Tante Grete gehen.

Frau Perler war die verwitwete Schwester des Oberförsters, die in Rotenburg wohnte und Pensionäre bei sich aufnahm. Zu ihr hatte Oberförster Gregor seine beiden Söhne gegeben, denn er wußte sie bei seiner Schwester in den allerbesten Händen. Rotenburg war eine ansehnliche Stadt, die außer einem Gymnasium auch eine landwirtschaftliche Schule, ein Technikum und mehrere Fabriken aufzuweisen hatte.

Pünktlich um ein Uhr fuhr der Oberförster am Forsthause vor. Er saß selbst am Steuer, und Claus holte Pucki aus dem Forsthause. Sie kam sich sehr wichtig vor, als sie auf dem weichgepolsterten Sitz neben dem großen Claus saß. Sie wippte auf dem Polster auf und nieder und sagte glücklich:

„Wie eine große Frau bin ich jetzt. Ob Schneewittchen auch einen so schönen Wagen gehabt hat, als es zur Hochzeit fuhr?“

Schnell ging es weiter hin zum Niepelschen Gutshause. Walter und Fritz waren dem Wagen ein gutes Stück entgegengelaufen und hielten ihn mit lautem Lärmen an.

„Nun, wo ist denn der Dritte?“

„Der darf nicht mit!“

„Warum denn nicht?“

„Weil er viele Tadel hat und nicht versetzt ist. Der Vater sagte, ein fauler Junge brauche auch nicht Auto zu fahren“, antwortete Walter.

„Oh, das wäre aber schrecklich“, rief Pucki erregt, „er hat sich gewiß mächtig darauf gefreut. Wir wollen ihm schnell sagen, daß er doch mitkommen kann.“

Schon stieg Pucki aus dem Wagen. Im Vorgarten trafen die Kinder Herrn Niepel und dessen Frau.

„Onkel Niepel, gelt, du läßt den Paul nach Rotenburg mitfahren. Das ist eine so schöne Stadt mit einer Kirche. Die hat einen runden Turm. – Sieh mal, sooo – –. Der Paul hat sich so furchtbar darauf gefreut! Laß ihn doch einsteigen.“

„Nein, Pucki, der Paul bleibt hier. Die Fahrt ist eine Belohnung für fleißige Kinder.“

„Was macht er denn dann, wenn wir weg sind?“

„Er weint“, rief Walter laut.

Puckis Gesichtchen wurde sehr traurig. „Ach, laß ihn doch mitfahren, Onkel Niepel. Wenn der Paul weint, ist es sehr schlimm.“

Sie erblickte Paul. Er kam mit verweinten Augen soeben aus dem Hause und drückte sich scheu hinter einen Baum, als er der anderen ansichtig wurde. Pucki eilte sogleich zu ihm.

„Weine doch nicht, lieber Paul, du mußt deinem Vati versprechen, daß du von morgen an viel lernen willst.“

Pauls Tränen flossen erneut. Da lief Pucki wieder zu Onkel Niepel, legte bittend die Händchen ineinander und bat nochmals:

„Sieh mal, lieber Onkel, wie er weint.“

Doch Onkel Niepel blieb unerbittlich. Eindringlich schilderte er dem kleinen Mädchen, daß Faulheit Strafe verdiene, und daß Paul sich das Vergnügen selbst verdorben hätte, weil er gar zu träge gewesen sei.

„Es wird ihm eine Lehre sein, Pucki.“

Der Oberförster drängte zum Weiterfahren. Nochmals streichelte das Kind den weinenden Knaben, dann kehrte es betrübt zu dem Wagen zurück.

„Es wäre noch viel schöner, wenn der Paul dabei wäre. – Ach, der arme Paul.“

Bald war die Traurigkeit Puckis wieder verflogen, als man Rotenburg erreichte, und Claus die drei ein wenig durch die Stadt führte, um schließlich Tante Grete aufzusuchen.

Das war eine sehr liebe ältere Dame, die die Kinder mit Kaffee und Kuchen bewirtete und ihnen viel Schönes erzählte. Nur zu rasch vergingen die Stunden. Der Oberförster kam, blieb noch ein Weilchen bei seiner Schwester, dann wurde die Heimfahrt angetreten.

„War es schön?“ fragte er Pucki, als er sie aus dem Auto hob.

„Ach ja, sehr schön, Onkel Oberförster. Aber – es wäre noch viel schöner gewesen, wenn der Paul nicht hätte weinen brauchen, wenn er mitgekommen wäre."

„Gutes, weichherziges Mädchen", lobte der Oberförster.

„Es ist eben meine kleine Pucki mit dem goldenen Herzen", sagte der große Claus und strich dem Kinde zärtlich über die Wange.

Pucki wies stolz auf das goldene Herzchen am Halse.

„Hier hängt es, großer Claus, und immer denke ich an dich."

„Unser guter, kleiner Waldpuck! Mögest du immer so bleiben, kleines Mädchen!" – – –

Am Ostersonnabend drängte Pucki, es wollte nun endlich zur alten Schmanzbäuerin gehen, um ihr von Ostern vorzulesen.

„In meinem Buch steht eine sehr schöne Geschichte vom Herrn Jesus, die muß die Schmanzgroßmutter hören, gerade weil Ostern ist. Ich kann sie schon ganz fix lesen."

„Pucki, die Großmutter liegt noch zu Bett."

„Dann hat sie gar keine Freude mehr, nur noch wenn ich ihr was vorlese. – Ach, Mutti, laß mich doch hingehen. Der große Claus hat gesagt, wir sind dazu da, die Menschen zu erfreuen, und auch zu Ostern muß man Freude machen. – Mutti, bitte, laß mich zur Schmanzgroßmutter gehen."

„Meinetwegen, so begleite den Vater, der heute nachmittag über die Schmanz gehen muß. Aber sei nicht laut, mein Kind, denke immer daran, daß die Schmanzgroßmutter krank ist."

„Ich will ihr dann ganz leise vorlesen. Aber sie freut sich doch immer so sehr."

So wurde am Ostersonnabend von Förster Sandler und seiner Tochter die Schmanz besucht. Die Bäuerin empfing die beiden und sagte betrübt:

„Es will mit der Mutter gar nicht mehr gehen. Ich glaube, sie macht es nicht mehr lange."

„So will ich Pucki nicht mehr zu ihr hineingehen lassen.“

„O doch, Herr Förster, die Mutter freut sich immer sehr über das Kind. Ich will gleich mal zu ihr gehen und sehen, was sie macht.“

Pucki, die unterwegs für die Schmanzgroßmutter einen Strauß Waldanemonen und Leberblümchen gepflückt hatte, sagte bittend, indem sie der Bäuerin das Buch hinhielt:

„Laß mich doch zu ihr, ich habe eine sehr schöne Geschichte. Sie freut sich, wenn ich ihr vorlese, und die Blümchen will ich ihr auch geben.“

Die Bäuerin kam sehr bald wieder zurück und sagte, daß die Mutter zwar sehr schwach sei, aber trotzdem Pucki sehen möchte.

Auf den Zehenspitzen ging die Kleine ins Zimmer. Da lag die Schmanzgroßmutter im Bett, hatte eine weiße Haube auf und sehr kleine, müde Augen. Auch schien es Pucki, als sei das faltenreiche Gesicht heute viel kleiner geworden.

„Schmanzgroßmutter“, sagte sie leise, „ich bin da und habe dir Blümchen mitgebracht. Dann lese ich dir wieder was vor, um dich glücklich zu machen. Ein Osterei kann ich dir nicht bringen, ich habe noch keines. Aber von Ostern kann ich dir vorlesen.“

„Du liebes, gutes Kind, du meine ganze Freude in meinen letzten Tagen.“

„Hier hast du Blümchen.“

Die zitternde Rechte der Alten tastete sich zu Puckis Fingerchen hin, dann nahm sie den Strauß in die Hände, die sie gefaltet auf die Bettdecke legte.

„Wenn du mir nun noch etwas vorlesen wolltest – ach, das wäre schön. Dabei läßt es sich gut einschlafen.“

„Bist du müde, Schmanzgroßmutter?“

„Ja, mein gutes Kind, müde von der langen Wanderung, die hinter mir liegt, müde von aller Arbeit, die ich verrichtet habe. Die alte Großmutter möchte nun endlich ausruhen und bittet den lieben Gott, daß er ihr die Augen schließen möge."

„Willst du in den Himmel zu ihm, Schmanzgroßmutter?"

„Wenn mir der liebe Gott die Himmelstür gnädig aufschließt, wird die Großmutter die ewige Herrlichkeit bald sehen und sehr glücklich sein. – Aber nun, du gute Pucki, mach mir noch die letzte Freude und lies mir die Leidensgeschichte vom Herrn Jesus vor, der sterben mußte, um wieder aufzuerstehen. Dann wird der Großmutter sehr wohl sein."

„Soll ich dir nicht die Geschichte lesen, wo der liebe Gott in den Himmel fliegt?"

Die Lippen der alten Frau bewegten sich, und Pucki hörte die geflüsterten Worte:

„Ich sage dir, heute wirst du mit mir im Paradiese sein."

Pucki kannte diese Worte, sie standen auch in dem Buche, das ihr gehörte. Wenn die Schmanzgroßmutter diese Geschichte hören wollte, würde sie sie lesen. Freilich, das ging nicht so glatt wie die andere, die sie sich daheim sehr oft vorgelesen hatte.

Die Schmanzgroßmutter lag still, in den gefalteten Händen die blauen und weißen Blümchen. Sie hatte die Augen geschlossen und sah aus, als ob sie schliefe.

Leise, wie es die Mutter wünschte, begann Pucki zu lesen:

„Und es war um die sechste Stunde, und es ward eine Finsternis über das ganze Land bis in die neunte Stunde. Und die Sonne verlor ihren Schein, und der Vorhang des Tempels riß mitten entzwei. Jesus rief laut und sprach: Vater, in deine Hände befehle ich meinen Geist."

Die Kleine wollte weiterlesen, aber zunächst blieb ihr Blick wie gebannt an dem Gesicht der Schmanzgroßmutter hängen. Es schien heute noch heller zu leuchten als damals, als Rose der Alten zum ersten Male eine Geschichte vorgelesen hatte.

„Großmutter“, sagte sie leise flüsternd, „ist's sehr schön, was ich dir vorlese? – Großmutter, bist du eingeschlafen? – Großmutter – Schmanzgroßmutter – –“

Eine Tür wurde geöffnet. Die Bäuerin schaute in das Zimmer, trat leise an das Bett heran, betrachtete die Schlafende und begann zu weinen.

„Nun ist sie gestorben, die gute Mutter.“

Leises Erschauern überlief den Körper des Kindes. Aber vor der guten Schmanzgroßmutter konnte sie keine Angst empfinden. Sie lag mit so freundlichem Gesicht in den Kissen, als ob sie einen wunderschönen Traum hätte.

Die Bäuerin weinte noch immer leise.

„Wir wollen ganz still sein“, sagte Pucki, „wenn sie schläft, darf man sie nicht stören.“

„Dein Leben ist Mühe und Arbeit gewesen, Mutter, du hast dir die ewige Ruhe verdient. Der liebe Gott wird dich mit Freuden in seinen Himmel aufnehmen.“

Da horchte Pucki auf. – Was hatte die Großmutter vorhin gesagt, ehe sie eingeschlafen war? Der liebe Gott solle der Schmanzgroßmutter die Himmelstür gnädig aufschließen. – Ob er es wohl tat? – Freilich, der liebe Gott war ja so gut.

Vorhin, als sie mit dem Vater aus dem Walde gekommen und über die Wiesen geschritten war, hatte das Kind viele Himmelschlüssel gesehen, die gerade jetzt zum Osterfest erblüht waren.

„Ich weiß“, flüsterte der Kindermund, „jetzt bringe ich der guten Großmutter einen Himmelschlüssel. Dann schließt sie sich die Tür zum lieben Gott selbst auf, damit sie dort oben froh und glücklich sein kann.“

Lautlos huschte Pucki aus dem Zimmer, wählte draußen auf der Wiese das schönste Himmelschlüsselchen aus, das sie finden konnte, und trug es bewegten Herzens hinein zur Schmanzgroßmutter. Vorsichtig steckte sie es zu den anderen Blumen in die gefalteten Hände der Toten.

„Jetzt wirst du schon in den Himmel hineinkommen, Schmanzgroßmutter. – Soll ich dir nun noch was vorlesen? Wie der liebe Gott in den Himmel fuhr?“

Die Schmanzbäuerin weinte noch immer, sie kümmerte sich nicht um das kleine Mädchen. Da nahm Pucki erneut das Buch vor und flüsterte leise:

„Und der Herr, nachdem er mit den Jüngern geredet hatte, ward aufgehoben in den Himmel und sitzet zur rechten Hand Gottes.“

Erst als der Vater zurück zur Schmanz kam, trippelte Pucki ihm entgegen und sagte leise, daß die Schmanzgroßmutter nun für immer schliefe.

„Denke dir, Vati, sie ist eingeschlafen, als ich ihr eine Geschichte vorgelesen habe. Sie macht auch beim Schlafen ein frohes Gesicht. – Nun ist sie glücklich, denn sie kann gleich in den Himmel hinein.“

Förster Sandler nahm seine Tochter in die Arme und küßte sie innig. Er freute sich darüber, daß seine Pucki der alten Schmanzgroßmutter noch kurz vor dem Sterben eine große Freude hatte bereiten dürfen.

* * *